초등 독해의 시작과 완성을
왓츠 리딩과 함께하세요!

KB230937

왓츠 리딩, 수많은 후기가 증명합니다!

제가 **지금까지 본 리딩 교재 중에서 단연코 최고**라고 생각되어 지인에게 권유까지 했네요. 리딩은 챕터마다 지문의 연관성, 단어의 반복을 통해 아이가 새로운 어휘를 잘 익힐 수 있게 구성해 놓았습니다.
s********4

내용 구성이 흥미로워서 아이가 즐겁게 학습하고 있어요. 리딩 학습서로뿐만 아니라, **상식을 얻기에도 너무 좋은 교재**.
m********n

한 지문에 대해 **다양한 문제와 복습 커리큘럼**으로 구성이 좋아요.
se*******

아이 스스로 읽고 문제 푸는 게 부담 없는 분량이고 지문 내용이 다양해서 참 재미있어합니다~~ 책 레벨이 세분화 되어있어서 아이 수준에 맞게 고를 수 있어요! 80A부터 시작했는데 일주일에 2~3번씩 한 게 벌써 네 권째 왓츠 리딩이네요~!
h*****e

전공자인 제가 봐도 **구성과 내용이 매우 좋습니다**. 나와 있는 **지문도 재미있고** 내용이 알찹니다. 아이도 매우 재미있어합니다. 단어장도 있고, 워크북에 문법 학습도 잘되어있습니다. 답지도 **혼자 공부하거나, 가정에서 엄마표로 지도하기에도 정말 잘되어있습니다**.
v******9

단어 읽기 가능한 초등학생이 재미있게 읽을 수 있는 교재네요. **주제가 다양하고 주제에 접근하는 방식도 다양해서 아이들이 읽기에서 시각을 넓힐 수 있어서 좋아요**. 단어랑 본문 듣기도 가능해서 어휘 듣기 발음도 같이 잡을 수 있고 귀여운데 깔끔한 구성이 아주 좋아요.
a*****l

이 책 시리즈의 마지막이라는 게 아쉬워요. **너무 좋아서 처음부터 끝까지 다 샀어요**.
ch******

*예스24와 교보문고 인터넷 서점의 실제 "구매평"을 바탕으로 구성하였습니다.

① 촘촘한 단계별 구성
학년과 수준에 맞춰 선택할 수 있는 세분화된 레벨

② 단어 및 문법 학습
단어장과 워크북으로 단어 및 문법 학습까지 자연스럽게 가능

③ 자기주도 학습
혼자서도 공부하기 쉬운 구성과 분량으로 자기주도 학습 가능

④ 재미있고 다양한 지문
다양한 주제와 흥미로운 지문 내용으로 재미+배경지식까지

⑤ 효율적인 복습 및 연계 학습
각 지문의 복습과 관련된 다양한 문제들로 학습 효과 최대화

저자

김기훈	現 ㈜ 쎄듀 대표이사
	現 메가스터디 영어영역 대표강사
	前 서울특별시 교육청 외국어 교육정책자문위원회 위원
저서	천일문 〈입문편 · 기본편 · 핵심편 · 완성편〉 / 초등코치 천일문
	천일문 GRAMMAR / 천일문 Writing / 왓츠 Grammar
	Oh! My Grammar / Oh! My Speaking / Oh! My Phonics
	E.G.U 시리즈 / 어휘끝 / 어법끝 / 쓰작
	리딩 릴레이 / Grammar Q / Reading Q / Listening Q 등

쎄듀 영어교육연구센터

쎄듀 영어교육센터는 영어 콘텐츠에 대한 전문지식과 경험을 바탕으로
최고의 교육 콘텐츠를 만들고자 최선의 노력을 다하는 전문가 집단입니다.

장혜승 선임연구원 · **김지원** 전임연구원 · **오주연** 연구원

마케팅	콘텐츠 마케팅 사업본부
영업	문병구
제작	정승호
인디자인 편집	류화진
디자인	스튜디오 에딩크
일러스트	랑만 · 신단고
영문교열	James Clayton Sharp

펴낸이	김기훈 김진희
펴낸곳	㈜쎄듀/서울시 강남구 논현로 305 (역삼동)
발행일	2025년 1월 2일 초판 1쇄
내용 문의	www.cedubook.com
구입 문의	콘텐츠 마케팅 사업본부
	Tel. 02-6241-2007
	Fax. 02-2058-0209
등록번호	제22-2472호
ISBN	978-89-6806-448-7
	978-89-6806-446-3 (세트)

CEDU(쎄듀)는 A **C**omprehensive **E**nglish e**DU**cation(종합적 영어교육)의 약자입니다.

왓츠 리딩
What's Reading

Words
50

· 단어 쓰기 노트 ·

One and Only Post Office

◎ 다음 단어의 뜻을 확인하고, 세 번씩 따라 써보세요.

only [óunli]	단 하나의, 유일한	
post office	우체국	
land [lænd]	땅, 육지	
lake [leik]	호수	
building [bildiŋ]	건물	
boat [bout]	배, 보트	
room [ru:m]	방	
office [ɔ́(:)fis]	사무실	
museum [mju(:)zí(:)əm]	박물관	
visit [vízit]	방문하다	
send [send]	(우편 등을) 보내다	
postcard [poustka:rd]	엽서	
learn [lə:rn]	배우다	
history [hístəri]	역사	

Museum Under the Sea

○ 다음 단어의 뜻을 확인하고, 세 번씩 따라 써보세요.

under [ʌ́ndər]	~ 아래에
underwater [ʌ́ndərwaːtər]	물속의
sea [siː]	바다
Welcome to ~.	~에 온 것을 환영합니다.
like [laik]	~와 같은
forest [fɔ́(ː)rist]	숲
deep [diːp]	깊이가 ~인
diving [daiviŋ]	잠수
artwork [artwərk]	미술품
remember [rimémbər]	기억하다
follow [fálou]	따르다
rule [ruːl]	규칙
touch [tʌtʃ]	만지다
sculpture [skʌ́lptʃər]	조각품

plant [plænt]	식물	
safety [séifti]	안전	
others [ʌðərs]	다른 사람들	

Hot Sauna

○ 다음 단어의 뜻을 확인하고, 세 번씩 따라 써보세요.

hot [hɑt]	뜨거운, 더운	
sauna [sɑnə]	사우나	
part [pɑːrt]	부분	
culture [kʌ́ltʃər]	문화	
put [put]	얹다, 넣다	
stone [stoun]	돌	
steam [stiːm]	수증기, 김	
outside [àutsáid]	밖에, 바깥에	

jump [dʒʌmp]	뛰다, 점프하다	
jump into	~에 뛰어들다	
run [rʌn]	달리다	
all over again	처음부터 다시	

Sand Bed

⬡ 다음 단어의 뜻을 확인하고, 세 번씩 따라 써보세요.

sand [sænd]	모래	
village [vílidʒ]	마을	
villager [vílidʒər]	마을 사람	
special [spéʃəl]	특별한	
come from	~에서 나오다	
beach [biːtʃ]	해변, 바닷가	
dry [drai]	마른, 물기 없는	

clean [kli:n]	1. 깨끗한 2. 청소하다	
comfortable [kʌ́mfərtəbl]	편안한	
feel [fi:l]	1. (감정, 기분 등을) 느끼다 2. (촉감이) ~하다, ~한 느낌이 들다	
warm [wɔːrm]	따뜻한	
cool [ku:l]	시원한	

Farmer's Market

○ 다음 단어의 뜻을 확인하고, 세 번씩 따라 써보세요.

farmer's market	농산물 시장	
wake up	(잠에서) 깨다, 일어나다	
early [ə́ːrli]	일찍, 빨리	
sell [sel]	팔다	
buy [bai]	사다	

bakery [béikəri]	빵집	
delicious [dilíʃəs]	맛있는	
shop [ʃɑp]	가게, 상점	
amazing [əméiziŋ]	굉장한, 놀라운	
fresh [freʃ]	신선한	
sweet [swi:t]	달콤한, 단	

The Grand Bazaar

○ 다음 단어의 뜻을 확인하고, 세 번씩 따라 써보세요.

visit [vízit]	방문하다	
enjoy [indʒói]	즐기다	
at first	처음에는	
fire [fáiər]	불, 화재	
build - built [bild]	짓다, 건축하다	

again [əgén]	다시	
become - became [bikʌ́m]	～해지다, ～이 되다	
bigger [bigə𝑟]	더 큰	
like [laik]	～와 같은	
city [síti]	도시	
street [striːt]	거리, 도로	
bank [bæŋk]	은행	
police station	경찰서	
bathhouse [bæθhaus]	목욕탕	

My Swimming Class

◯ 다음 단어의 뜻을 확인하고, 세 번씩 따라 써보세요.

first [fə:rst]	첫 번째의	
second [sékənd]	두 번째의	
feel [fi:l]	1. (감정, 기분 등을) 느끼다 2. (촉감이) ～하다, ～한 느낌이 들다	
nervous [nə́:rvəs]	긴장한, 불안해하는	
stomach [stʌ́mək]	배	
hurt [hə:rt]	1. 아프다 2. 다치게 하다	
stay [stei]	1. 머무르다 2. ～인 채로 있다	
outside [àutsáid]	～ 밖에	
pool [pu:l]	수영장	
get into	～에 들어가다	
hold [hould]	(손으로) 잡다, 붙들다	
lie [lai]	눕다	
warm [wɔ:rm]	따뜻한	
better [bétər]	나은, 더 좋은	

after [ǽftər]	~ 이후	
never [névər]	전혀 ~ 않다	

A Player with No Arms

○ 다음 단어의 뜻을 확인하고, 세 번씩 따라 써보세요.

player [pleiər]	선수	
arm [ɑːrm]	팔	
lose - lost [luːz]	잃다	
start - started [stɑːrt]	시작하다	
table tennis	탁구	
put - put [put]	넣다, 놓다	
throw - threw [θrou]	던지다	
play - played [plei]	경기하다	
practice - practiced [prǽktis]	연습하다	

country [kʌ́ntri]	나라, 국가	
game [geim]	경기	
still [stil]	여전히, 아직도	
hard [hɑːrd]	열심히	
win [win]	이기다	
show [ʃou]	보여주다	
nothing [nʌ́θiŋ]	아무것도 ~ 아니다 [없다]	
impossible [impɑ́ːsəbl]	불가능한	

Unit 09 Different Doors, Different Owners

○ 다음 단어의 뜻을 확인하고, 세 번씩 따라 써보세요.

different [dífərənt]	다른, 다양한	
door [dɔːr]	문	
owner [óunər]	주인	

live [liv]	살다	
apartment [əpáːrtmənt]	아파트	
building [bíldiŋ]	건물, 빌딩	
story [stɔ́ːri]	이야기	
behind [biháind]	~ 뒤에	
another [ənʌ́ðər]	또 하나의	
bag [bæg]	1. 봉투, 봉지 2. 가방	
food [fuːd]	음식	
delivery [dilívəri]	배달	
bike [baik]	자전거	

Unit 10 Vera's New Coat

⬥ 다음 단어의 뜻을 확인하고, 세 번씩 따라 써보세요.

coat [kòut]	코트, 외투	
work - worked [wə:rk]	일하다	
save - saved [seiv]	(돈을) 모으다, 저축하다	
money [mʌ́ni]	돈	
buy - bought [bai]	사다	
fire [fáiər]	불, 화재	
little [lítl]	어린	
girl [gə:rl]	1. 딸 2. 여자아이	
need - needed [ni:d]	필요하다	
clothes [klouðz]	옷	
neighbor [néibər]	이웃	
cut - cut [kʌt]	자르다, 잘라내다	
make - made [meik]	만들다	
give - gave [giv]	주다	

true [truː]	1. 진정한 2. 사실인	

Ella's Hello

🔵 다음 단어의 뜻을 확인하고, 세 번씩 따라 써보세요.

watch [wɑtʃ]	보다, 지켜보다	
say hello	인사하다	
see [siː]	보다, 보이다	
hug [hʌg]	껴안다, 포옹하다	
hippo [hipou]	하마	
kiss [kis]	입을 맞추다	
wrap [ræp]	감다, 두르다	
tail [teil]	꼬리	
great [greit]	아주 좋은	
idea [aidíə]	생각, 아이디어	

slowly [slóuli]	천천히	
trunk [trʌŋk]	(코끼리의) 코	
around [əráund]	~ 주위에, 주변에	
warm [wɔːrm]	따뜻한	
gentle [dʒéntl]	상냥한, 부드러운	

Elephant Ears

🔵 다음 단어의 뜻을 확인하고, 세 번씩 따라 써보세요.

large [lɑːrdʒ]	큰, 거대한	
do [du]	하다	
move [muːv]	움직이다	
lose [luːz]	잃다	
body heat	체온, 체열	
become [bikʌ́m]	~해지다	

영어	뜻	쓰기
send [send]	보내다, 전달하다	
message [mésidʒ]	메시지	
other [ʌ́ðər]	다른	
mean [miːn]	의미하다	
fold [fould]	접다	
danger [déindʒər]	위험	
open [óupən]	1. 펼치다 2. 열다	
wide [waid]	활짝	
surprise [sərpráiz]	놀라움	

Belugas

○ 다음 단어의 뜻을 확인하고, 세 번씩 따라 써보세요.

cold [kould]	차가운	
waters [wɑːtərs]	(호수·강·바다의) 물	
sea ice	바다 얼음, 해빙	
group [gruːp]	무리, 집단	
hunt [hʌnt]	사냥하다	
together [təgéðər]	함께	
protect [prətékt]	보호하다	
each other	서로	
get [get]	(~한 상태가) 되다	
ocean [óuʃən]	바다, 대양	
leave [liːv]	떠나다	
be in danger	위험에 처하다	

Time to Act

⭕ 다음 단어의 뜻을 확인하고, 세 번씩 따라 써보세요.

act [ækt]	행동하다	
anchor [ǽŋkər]	앵커맨, 앵커우먼	
keep -ing [ki:p]	계속 ~하다	
rise [raiz]	오르다, 올라가다	
may [mei]	~일지도 모른다	
sink [siŋk]	가라앉다	
help [help]	돕다	
story [stɔ́:ri]	1. 기삿거리 2. 이야기	
promise [prámis]	약속	
make a promise	약속을 하다	
stay [stei]	지내다, 머무르다	
happy [hǽpi]	1. 만족스러운 2. 행복한	
nobody [nóubàdi]	아무도 ~ 않다	
must [məst]	(반드시) ~해야 한다	

Unit 15

No Worries!

다음 단어의 뜻을 확인하고, 세 번씩 따라 써보세요.

worry [wə́ːri]	1. 걱정, 걱정거리 2. 걱정하다	
little [lítl]	1. 작은(= small) 2. 어린	
secret [síːkrit]	비밀	
much [mʌtʃ]	많이	
soon [suːn]	곧	
something [sʌ́mθiŋ]	무언가, 어떤 일	
strange [streindʒ]	이상한	
happen - happened [hǽpən]	일어나다, 발생하다	
start - started [stɑːrt]	시작하다	
grow [grou]	자라다	
get - got [get]	(~한 상태가) 되다	
afraid [əfréid]	무서워하는, 겁내는	
suddenly [sʌ́dnli]	갑자기	

Bye Bye, Stress!

⭕ 다음 단어의 뜻을 확인하고, 세 번씩 따라 써보세요.

stress [stres]	스트레스	
go away	없어지다, 사라지다	
easily [ízili]	쉽게	
mind [maind]	마음, 정신	
take care of	~을 돌보다	
yourself [juːrself]	네 자신	
way [wei]	방법	
first [fəːrst]	먼저, 우선	
healthy [hélθi]	건강에 좋은	
diet [dáiət]	식사, 식단	
mood [muːd]	기분	
try [trai]	시도하다, 먹어보다	
next [nekst]	그 다음은, 다음으로	
active [ǽktiv]	활동적인	

take a walk	산책하다
a fan of	～의 팬, ～을 좋아하는 사람
diary [dáiəri]	일기
work on	～에 몰두하다
hobby [hábi]	취미

MEMO

MEMO

Words
50

초등 독해, 왜 <왓츠 리딩> 시리즈일까요?

대부분 유아나 초등 시기에는 영어에 흥미를 가지게 하려면 재미있는 동화나 짧은 이야기, 즉 '픽션' 위주의 읽기로 접근합니다.

그러나 학년이 높아짐에 따라 각종 시험에 출제되는 거의 대부분의 것은 **유익한 정보나 지식, 교훈 등을 주거나, 핵심 주제를 파악하여 글쓴이의 관점을 이해하는 것이 필요한 '논픽션'** 류입니다.

<왓츠 리딩> 시리즈는 학습자들이 영어 읽기에 대한 흥미를 유지하면서 논픽션 읽기에 자신감을 얻을 수 있도록, 픽션과 논픽션의 비율을 50:50으로 구성하였습니다. 교과 연계된 주제를 기반으로 지문을 구성하여, 다양한 분야의 배경지식과 주요 단어를 지문 안에서 자연스럽게 익힐 수 있습니다.

1 교육부 권장 필수 단어 수록

독해의 기초가 되는 어휘력은 필수입니다. **<왓츠 리딩> 시리즈**는 교육부 권장 초등 필수 단어를 주제별 핵심 단어로 선정하여, 단계별 활동을 통해 자연스럽게 복습 및 확장 학습 가능하도록 설계하였습니다.

2 문장 이해력을 높이는 수준별 학습

지문 하나를 읽더라도 정확하게 문장을 해석하면서 문장과 문장 간의 연결을 이해하는 것이 중요합니다. **<왓츠 리딩> 시리즈**는 단어 수와 세분화된 문장 난이도의 지문들로 구성된 수준별 독해 학습서입니다. 처음 독해를 시작하는 학습자들이 부담스럽지 않게 반복되는 패턴 문장으로 문법 규칙을 익히면서 자연스럽게 독해의 정확성을 높일 수 있습니다.

3 교과 연계 주제의 다양한 글감과 단계별 문항

익숙한 일상소재뿐만 아니라 학습자들의 유익하고 풍부한 읽기 경험을 위해 다양한 글감을 바탕으로 지문을 구성했습니다. 또한 체계적인 독해 학습을 위해 단계별 문항을 제시하여, 글의 중심 생각, 세부 내용 등을 파악하고 분석하면서 글을 이해할 수 있습니다.

왓츠 리딩으로 이렇게 공부해요!

STEP 1 주제별 핵심 단어 학습하기

● 글을 읽기 전에 단어를 미리 학습하면 글의 내용을 쉽게 파악할 수 있고 읽기에 더 집중할 수 있어요.
  QR코드로 원어민의 발음을 반복해서 듣고, 따라 읽어보세요.

● <왓츠 리딩> 전 시리즈를 학습하고 나면 주제별 핵심 단어 약 1,240개를 포함하여 총 2,400여개의 단어를 완벽
  하게 익힐 수 있습니다.

STEP 2 다양한 종류의 글감 접하기

● 교과서나 시험에서 여러 종류의 글이 등장하기 때문에 다양한 주제의 픽션부터 정보를 전달하는 논픽션까지 고루
  접하는 것이 중요합니다. 설명문뿐만 아니라 편지글, 일기, 레시피, 창작 이야기 등 다양한 유형의 글감을 통해
  읽기에 대한 흥미를 유지하면서 유익한 정보로 지식을 쌓아보세요.

STEP 3 다양한 문제로 지문 내용 및 구조 확인하기

● 독해는 글의 목적, 중심 생각, 세부 내용 등을 파악하는 과정입니다. 하나를 읽더라도 정확하게 문장을 해석하면서
  문장과 문장 간의 연결을 이해하는 것이 중요합니다. 이러한 독해 습관은 모든 학습의 기초인 문해력도 동시에
  향상시킬 수 있습니다.

● 글의 내용을 파악하는 문제 외에도 글의 구조를 분석하고 요약 정리 활동을 통해 '내' 지식으로 만들어 보세요.

STEP 4 패턴 문장 응용과 직독직해 훈련하기

● 학년이 올라갈수록, 아는 단어를 활용하여 '감'으로 내용 파악하기보다 정확하게 글을 읽을 수 있어야 합니다.
  반복되는 패턴 문장으로 문장 구조를 익히고, 다른 단어로 응용과 반복하면서 독해 기본기를 쌓아 보세요.

● 패턴 문장으로 문장 해석이 익숙해졌다면, 영어를 끊어서 읽는 직독직해 훈련을 시작하세요. 주어, 동사를 찾아
  보고 끊어 읽으면서 영어의 어순에 익숙해질 수 있으며, 읽는 속도와 독해의 정확성을 높일 수 있습니다.

STEP 5 꾸준하게 복습하기

● 새로운 문장과 문맥에서 배운 내용을 다시 복습하는 것이 중요합니다. 제공되는 워크북, 단어 쓰기 노트, 그리고
  다양한 부가 학습 자료를 활용하여, 그동안 배운 내용을 다시 떠올리며 복습해 보세요.

구성과 특징

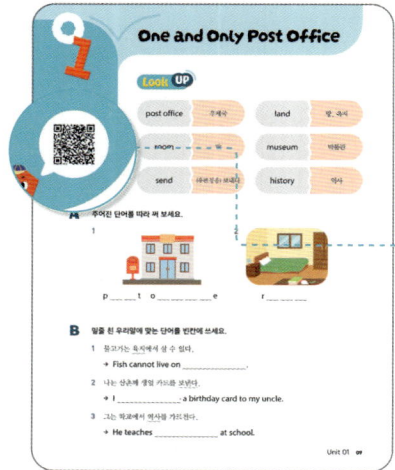

지문 속 핵심 단어 확인하기

▶ QR코드를 통해 단어의 원어민 발음을 들으면서 지문에 등장하는 핵심 단어를 확인합니다.

▶ 지문을 읽기 전, 삽화와 추가 예문을 통해 각 단어의 의미를 이해하면 읽기에 더 집중할 수 있어요.

유익하고 흥미로운 지문

▶ 다양한 종류의 글감으로 구성된 픽션과 논픽션 지문을 수록했습니다. 음원을 듣고 따라 읽으면 영어 읽기에 대한 두려움은 줄고 자신감을 쌓을 수 있어요.

▶ 글을 읽다가 모르는 단어나 문법이 나오더라도 당황하지 않고 끝까지 읽어보세요. 완벽하게 해석하지 않아도 끝까지 읽는다면, 글의 문맥 속에서 모르는 단어나 문법을 자연스럽게 파악할 수 있습니다.

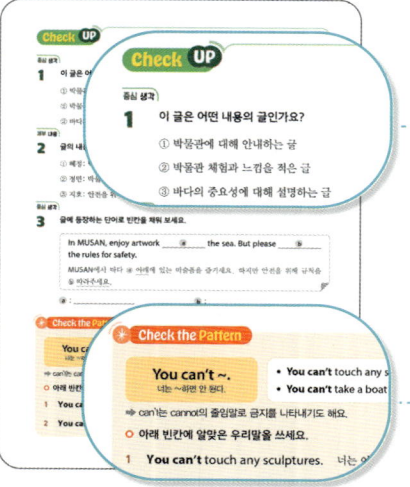

독해력을 Up해주는 단계별 문항

STEP 1 Check UP

▶ 중심 생각과 세부 내용을 확인하는 다양한 유형의 문제를 풀면서 글의 내용을 올바르게 이해했는지 확인합니다.

STEP 2 Check the Pattern

▶ 지문 속 반복되는 패턴 의미를 확인하고 문장을 해석하면서 문장 구조에 익숙해질 수 있습니다.

▶ 지문에 등장한 패턴과 추가 단어로 새로운 문장을 만들면서 응용 연습합니다.

▶ 지문 내용을 분석하면서 글의 구조를 정리해 보세요. 다양한 각도로 글을 이해하고 리딩 스킬을 쌓을 수 있습니다.

▶ 빈칸 채우기, 시간 순 정리 활동 등으로 글의 요약문을 완성합니다. 내용을 다시 복습하면서 학습을 마무리할 수 있어요.

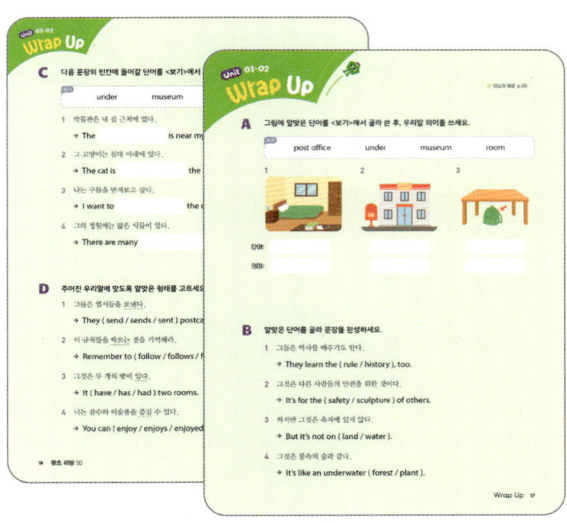

지문 속 단어 정리 및 복습

▶ 단어의 의미를 복습하면서, 동사의 변화형도 자연스럽게 학습 가능합니다.

독해 학습을 완성하는
책속책과 별책 부록

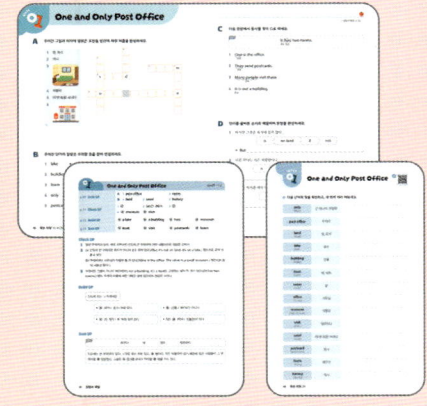

▶ **WORKBOOK**
퍼즐 및 다양한 문제 유형으로 지문 내용을 전체적으로 복습할 수 있습니다.

▶ **자세한 해설 및 해석 제공**
정답의 이유를 알려주는 문제 해설과 지문 살펴보기(끊어 읽기) 코너를 통해 영어의 어순을 확인해 보세요.

▶ **단어 쓰기 노트**
모든 단어와 표현을 확인하고 연습장에 써 보면서 복습할 수 있어요.

무료 부가 서비스	**1** 단어 리스트	**2** 단어 테스트	**3** 직독직해 연습지
www.cedubook.com	**4** 영작 연습지	**5** 받아쓰기 연습지	**6** MP3 파일 (단어, 지문)

Contents 목차

사회 | 지리 ▶ 장소와 지역

Unit 01   One and Only Post Office   논픽션 | World   09

Unit 02   Museum Under the Sea   픽션 | Travel   13

Wrap Up   Unit 01 ~ 02   17

사회 | 문화 ▶ 지역의 문화

Unit 03   Hot Sauna   픽션 | Culture   19

Unit 04   Sand Bed   논픽션 | World   23

Wrap Up   Unit 03 ~ 04   27

사회 | 경제 생활 ▶ 시장

Unit 05   Farmer's Market   픽션 | Literature   29

Unit 06   The Grand Bazaar   논픽션 | Place   33

Wrap Up   Unit 05 ~ 06   37

체육 | 운동 ▶ 운동과 건강

Unit 07   My Swimming Class   픽션 | Sports   39

Unit 08   A Player with No Arms   논픽션 | People   43

Wrap Up   Unit 07 ~ 08   47

도덕 | 타인과의 관계 ▶ 이웃

Unit 09   Different Doors, Different Owners   픽션 | Literature   49

Unit 10   Vera's New Coat   논픽션 | Society   53

Wrap Up   Unit 09 ~ 10   57

과학 | 생물의 구조 ▶ 코끼리

Unit 11 Ella's Hello   픽션 | Literature   ·················· 59

Unit 12 Elephant Ears   논픽션 | Animals   ·················· 63

Wrap Up Unit 11 ~ 12   ·················· 67

과학 | 지속가능한 사회 ▶ 기후 변화

Unit 13 Belugas   논픽션 | Nature   ·················· 69

Unit 14 Time to Act   픽션 | Environment   ·················· 73

Wrap Up Unit 13 ~ 14   ·················· 77

도덕 | 자신과의 관계 ▶ 감정

Unit 15 No Worries!   픽션 | Psychology   ·················· 79

Unit 16 Bye Bye, Stress! 논픽션 | Health   ·················· 83

Wrap Up Unit 15 ~ 16   ·················· 87

책속책 WORKBOOK | 정답과 해설

별책 부록 단어 쓰기 노트

<왓츠 리딩> 시리즈는 Lexile(렉사일) 및 단어 수로 난이도를 나누어 구성되었습니다.

	왓츠 리딩 30l40	왓츠 리딩 50	왓츠 리딩 60
단어 수	30 - 50	50 - 60	60 - 70
*Lexile 지수	**BR - 200L	100 - 300L	200 - 400L
추천 학습 대상	영어 학습 1년 차 초등 3, 4학년 문법 병행	영어 학습 1년 차 이상 초등 5, 6학년 문법	영어 학습 2년 차 초등 5, 6학년 문법

* Lexile(렉사일) 지수는 미국 교육 연구 기관 MetaMetrics에서 개발한 독서능력 평가지수로, 미국에서 가장 공신력 있는 지수로 활용되고 있습니다.

** BR는 "초보 독자(Beginning Reader)"라는 의미로 Lexile(렉사일) 지수 0L 이하 단계입니다.

Study Plan
학습계획표

8주 완성

주 5일 학습 기준이며, 학습 패턴 및 시간에 따라 조정할 수 있어요.

	1일차	2일차	3일차	4일차	5일차
1주차	Unit 01 지문 읽기, 본책 문제 풀이	Unit 01 지문 읽기, 워크북	Unit 02 지문 읽기, 본책 문제 풀이	Unit 02 지문 읽기, 워크북	Wrap Up Unit 01 - 02 단어 U01 - 02
2주차	Unit 03 지문 읽기, 본책 문제 풀이	Unit 03 지문 읽기, 워크북	Unit 04 지문 읽기, 본책 문제 풀이	Unit 04 지문 읽기, 워크북	Wrap Up Unit 03 - 04 단어 U03 - 04
3주차	Unit 05 지문 읽기, 본책 문제 풀이	Unit 05 지문 읽기, 워크북	Unit 06 지문 읽기, 본책 문제 풀이	Unit 06 지문 읽기, 워크북	Wrap Up Unit 05 - 06 단어 U05 - 06
4주차	Unit 07 지문 읽기, 본책 문제 풀이	Unit 07 지문 읽기, 워크북	Unit 08 지문 읽기, 본책 문제 풀이	Unit 08 지문 읽기, 워크북	Wrap Up Unit 07 - 08 단어 U07 - 08
5주차	Unit 09 지문 읽기, 본책 문제 풀이	Unit 09 지문 읽기, 워크북	Unit 10 지문 읽기, 본책 문제 풀이	Unit 10 지문 읽기, 워크북	Wrap Up Unit 09 - 10 단어 U09 - 10
6주차	Unit 11 지문 읽기, 본책 문제 풀이	Unit 11 지문 읽기, 워크북	Unit 12 지문 읽기, 본책 문제 풀이	Unit 12 지문 읽기, 워크북	Wrap Up Unit 11 - 12 단어 U11 - 12
7주차	Unit 13 지문 읽기, 본책 문제 풀이	Unit 13 지문 읽기, 워크북	Unit 14 지문 읽기, 본책 문제 풀이	Unit 14 지문 읽기, 워크북	Wrap Up Unit 13 - 14 단어 U13 - 14
8주차	Unit 15 지문 읽기, 본책 문제 풀이	Unit 15 지문 읽기, 워크북	Unit 16 지문 읽기, 본책 문제 풀이	Unit 16 지문 읽기, 워크북	Wrap Up Unit 15 - 16 단어 U15 - 16

One and Only Post Office

Look UP

post office	우체국	land	땅, 육지
room	방	museum	박물관
send	(우편 등을) 보내다	history	역사

A 주어진 단어를 따라 써 보세요.

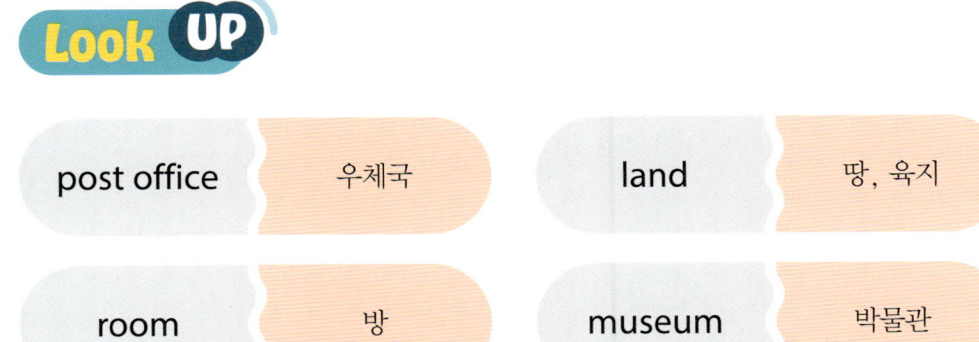

1 p＿＿＿ t o＿＿＿＿＿＿ e

2 r＿＿＿＿

B 밑줄 친 우리말에 맞는 단어를 빈칸에 쓰세요.

1 물고기는 <u>육지</u>에서 살 수 없다.

→ Fish cannot live on ＿＿＿＿＿＿＿.

2 나는 삼촌께 생일 카드를 <u>보낸다</u>.

→ I ＿＿＿＿＿＿＿ a birthday card to my uncle.

3 그는 학교에서 <u>역사</u>를 가르친다.

→ He teaches ＿＿＿＿＿＿＿ at school.

One and Only Post Office

There's a **post office**.

It's in India.

But it's not on **land**.

It's on a lake.

It's not a building.

It's a boat!

It has two **rooms**.

One is the office.

The other is a small **museum**.

Many people visit there.

They **send** postcards.

They learn the **history**, too.

중심 생각

1 이 글은 무엇에 대해 설명하나요?

① 다양한 우체국의 종류

② 인도의 특별한 우체국

③ 우체국의 예전과 오늘의 모습

세부 내용

2 글의 내용과 맞는 것에는 O표, 틀린 것에는 X표 하세요.

(a) 인도의 한 우체국은 호수 위에 있다. _____

(b) 그 우체국은 현재 박물관으로만 쓰인다. _____

세부 내용

3 글을 읽고, 대답할 수 없는 질문을 고르세요.

① 그 우체국은 어떻게 생겼나요?

② 그 우체국의 이름은 무엇인가요?

③ 그 우체국에는 방이 몇 개 있나요?

중심 생각

4 글에 등장하는 단어로 빈칸을 채워 보세요.

There is a small _____ a _____ in the post office. So, many people _____ b _____ there.

그 우체국에는 작은 ⓐ 박물관이 있다. 그래서, 많은 사람들이 그곳을 ⓑ 방문한다.

a : _____   b : _____

Build UP 문장에 알맞은 단어를 골라 인도의 우체국에 대한 설명을 완성하세요.

The post office in India

- is on **a** land / a lake .

- is not **b** a building / a boat .

- has **c** two / three rooms.

- has a small **d** history / museum there.

Sum UP 빈칸에 알맞은 단어를 <보기>에서 찾아 쓰세요.

보기

learn   boat   postcards   visit

In India, there's a post office. It's on a lake, and it's a **a** _____.

Many people **b** _____ the post office because there's a small

museum. They can send **c** _____ and **d** _____

the history, too.

Museum Under the Sea

Look UP

under *underwater	~ 아래에 *물속의
forest	숲
remember	기억하다
touch	만지다
plant	식물
safety	안전

A 주어진 단어를 따라 써 보세요.

1

f __ __ __ __

2

u __ __ __ __

B 밑줄 친 우리말에 맞는 단어를 빈칸에 쓰세요.

1 나는 그의 이름이 기억나지 않는다.

→ I can't _____ his name.

2 접시를 만지지 마. 그것은 뜨거워.

→ Don't _____ the plate. It's hot.

3 나는 매일 식물에 물을 준다.

→ I water the _____ every day.

Museum Under the Sea

Welcome to MUSAN.

This is a museum **under** the sea.

It's like an **underwater forest**.

It's 8 to 10 meters deep.

You can enjoy diving and artwork.

Remember to follow these rules.

First, you can't **touch** any sculptures.

There are many fish and **plants** in them.

Second, you can't take a boat in the museum.

It's for the **safety** of others.

중심 생각

1 이 글은 어떤 내용의 글인가요?

① 박물관에 대해 안내하는 글

② 박물관 체험과 느낌을 적은 글

③ 바다의 중요성에 대해 설명하는 글

세부 내용

2 글의 내용을 <u>잘못</u> 이해한 사람을 고르세요.

① 혜정: 박물관은 바다 밑 8~10미터 깊이에 있어.

② 정민: 박물관의 조각품과 바다 생물을 만져도 돼.

③ 지호: 안전을 위해 박물관에서는 배를 탈 수 없어.

중심 생각

3 글에 등장하는 단어로 빈칸을 채워 보세요.

> In MUSAN, enjoy artwork _____ **a** _____ the sea. But please _____ **b** _____ the rules for safety.
>
> MUSAN에서 바다 ⓐ <u>아래</u>에 있는 미술품을 즐기세요. 하지만 안전을 위해 규칙을 ⓑ <u>따라주세요</u>.

a : _____   **b** : _____

✳ Check the Pattern

| **You can't ~.**
너는 ~하면 안 된다. | • **You can't** touch any sculptures.
• **You can't** take a boat in the museum. |

➡ can't는 cannot의 줄임말로 금지를 나타내기도 해요.

○ 아래 빈칸에 알맞은 우리말을 쓰세요.

1 **You can't** touch any sculptures. 너는 어떤 조각상도 _____ .

2 **You can't** take a boat in the museum. 너는 박물관 안에서 _____ .

*You can't ~.
너는 ~하면 안 된다.

- bring 데려오다
- go out 나가다, 외출하다
- talk 이야기하다
- open 열다

1 너는 수업 중에 이야기하면 안 된다.

→ You [   ] [   ] in class.

2 너는 저 문을 열면 안 된다.

→ You [   ] [   ] that door.

3 너는 지금 나가면 안 된다.

→ You [   ] [   ] now.

4 너는 여기에 개를 데려오면 안 된다.

→ You [   ] [   ] your dog here.

Sum UP 빈칸에 알맞은 단어를 <보기>에서 찾아 쓰세요.

보기

| plants | safety | deep | forest |

MUSAN is like an underwater **a** [   ]. It's 8 to 10 meters **b** [   ]. You can enjoy diving and artwork. In the museum, you can't touch anything. There are many fish and **c** [   ] in sculptures. Also, you can't take a boat for **d** [   ].

A 그림에 알맞은 단어를 <보기>에서 골라 쓴 후, 우리말 의미를 쓰세요.

보기
| post office | under | museum | room |

1

2

3

단어:

의미:

B 알맞은 단어를 골라 문장을 완성하세요.

1 그들은 역사를 배우기도 한다.

→ They learn the (rule / history), too.

2 그것은 다른 사람들의 안전을 위한 것이다.

→ It's for the (safety / sculpture) of others.

3 하지만 그것은 육지에 있지 않다.

→ But it's not on (land / water).

4 그것은 물속의 숲과 같다.

→ It's like an underwater (forest / plant).

C 다음 문장의 빈칸에 들어갈 단어를 <보기>에서 골라 쓰세요.

보기

under   museum   plants   touch

1 박물관은 내 집 근처에 있다.

→ The _____ is near my house.

2 그 고양이는 침대 아래에 있다.

→ The cat is _____ the bed.

3 나는 구름을 만져보고 싶다.

→ I want to _____ the clouds.

4 그의 정원에는 많은 식물이 있다.

→ There are many _____ in his garden.

D 주어진 우리말에 맞도록 알맞은 형태를 고르세요.

1 그들은 엽서들을 <u>보낸다</u>.

→ They (send / sends / sent) postcards.

2 이 규칙들을 <u>따르는</u> 것을 기억해라.

→ Remember to (follow / follows / followed) these rules.

3 그것은 두 개의 방이 <u>있다</u>.

→ It (have / has / had) two rooms.

4 너는 잠수와 미술품을 <u>즐길</u> 수 있다.

→ You can (enjoy / enjoys / enjoyed) diving and artwork.

Hot Sauna

part *part of	부분 *~의 부분	culture	문화
stone	돌	jump *jump into	뛰다, 점프하다 *~에 뛰어들다
run	달리다	all over again	처음부터 다시

A 아래 그림에 알맞은 단어를 쓰세요.

1

j ___ ___ ___

2

r ___ ___

B 밑줄 친 우리말에 맞는 단어를 빈칸에 쓰세요.

1 저 반짝이는 돌을 봐.

→ Look at that shiny _____.

2 모든 나라는 그것만의 문화가 있다.

→ Every country has its own _____.

3 내 강아지는 우리 가족의 큰 부분이다.

→ My dog is a big _____ of my family.

Hot Sauna

Henri loves to visit saunas.

Saunas are a big **part of** his **culture**.

He loves to sit and put water on hot **stones**.

This makes steam!

When Henri gets too hot, he loves to go outside.

He **jumps into** the cold lake.

Then he **runs** back to the sauna.

He loves to do it **all over again**.

중심 생각

1 이 글의 알맞은 제목을 고르세요.

① Henri의 사우나 비교 체험

② Henri가 더위를 이기는 방법

③ Henri가 사우나를 즐기는 방법

세부 내용

2 Henri에 대해 글의 내용과 맞는 것에는 O표, 틀린 것에는 X표 하세요.

(a) 그의 문화에서 사우나는 큰 부분을 차지한다. _____

(b) 사우나 안에서 더위를 견디면서 계속 머무르는 것을 좋아한다. _____

세부 내용

3 글에 등장하는 단어로 빈칸을 채워 보세요.

> Henri goes _____ ⓐ _____ and jumps into the cold _____ ⓑ _____ .
>
> Henri는 ⓐ 밖으로 나가 차가운 ⓑ 호수에 뛰어들어요.

a : _____   **b** : _____

✳ **Check the Pattern**

He/She loves to ~. 그는/그녀는 ~하는 것을 매우 좋아한다.	• **He loves to** visit saunas. • **He loves to** go outside.

○ 아래 빈칸에 알맞은 우리말을 쓰세요.

1 **He loves to** visit saunas.   그는 사우나를 _____ .

2 **He loves to** go outside.   그는 밖으로 _____ .

Pattern UP 우리말에 맞게 빈칸에 알맞은 말을 넣으세요.

*He/She loves to ~.
그는/그녀는 ~하는 것을
매우 좋아한다.

- play 연주하다
- listen 듣다
- eat 먹다
- travel 여행하다

1 그는 여행하는 것을 매우 좋아한다.

→ He [　　　　] [　　　　] [　　　　].

2 그는 피아노 연주하는 것을 매우 좋아한다.

→ He [　　　　] [　　　　] [　　　　] the piano.

3 그녀는 음악 듣는 것을 매우 좋아한다.

→ She [　　　　] [　　　　] [　　　　] to music.

4 그녀는 아이스크림 먹는 것을 매우 좋아한다.

→ She [　　　　] [　　　　] [　　　　] ice cream.

Sum UP 빈칸에 알맞은 단어를 <보기>에서 찾아 쓰세요.

보기

stones　　　　run　　　　jump　　　　put

Saunas are a big part of my culture. In the sauna, I **a** [　　　　] water on hot **b** [　　　　] and make steam. When it gets hot inside, I go outside and **c** [　　　　] into the cold lake. Then I **d** [　　　　] back to the sauna again.

Sand Bed

sand	모래		village *villager	마을 *마을 사람
special	특별한		beach	해변, 바닷가
dry	마른, 물기 없는		clean	1. 깨끗한 2. 청소하다

A 아래 그림에 알맞은 단어를 쓰세요.

1

c ___ ___ ___ ___

2

b ___ ___ ___ ___

B 밑줄 친 우리말에 맞는 단어를 빈칸에 쓰세요.

1 강 옆에는 작은 마을이 있다.

→ There's a small _____ next to the river.

2 그녀는 그의 생일을 위해 특별한 케이크를 만들었다.

→ She made a _____ cake for his birthday.

3 우리는 모래에서 노는 것을 좋아한다.

→ We like to play in the _____.

Sand Bed

There is a small **village** in Indonesia.

Some of the **villagers** sleep on **sand** in their homes.

But they use **special** sand.

It comes from the **beach**.

It's **dry** and **clean**.

The villagers have beds at home.

But they feel more comfortable on sand.

It feels warm on cold days.

It feels cool on hot days.

중심 생각

1 글의 등장하는 단어로 글의 제목을 완성하세요. (단어 1개)

> Why do People Sleep on S_____?

세부 내용

2 글의 내용과 맞는 것에는 O표, 틀린 것에는 X표 하세요.

(a) 마을 사람들은 해변가에 있는 모래에서 잔다.   _____

(b) 사람들은 물기 없고 깨끗한 모래를 사용한다.   _____

세부 내용

3 글을 읽고 대답할 수 있는 질문을 고르세요.

① 마을의 이름은 무엇인가요?

② 마을 사람들은 언제부터 모래를 사용했나요?

③ 마을 사람들은 왜 모래 위가 더 편안하다고 하나요?

중심 생각

4 글에 등장하는 단어로 빈칸을 채워 보세요.

> The villagers _____ **a** on sand because they _____ **b** more comfortable there.
>
> 마을 사람들은 모래 위가 더 편안하다고 ⓑ 느끼기 때문에 그곳에서 ⓐ 잔다.

a : _____   b : _____

 **Build UP** 주어진 질문에 알맞은 대답을 연결하세요.

질문

대답

1 What do the villagers sleep on?

2 Where does the special sand come from?

3 Why do they sleep on sand?

(A) It comes from the beach.

(B) They sleep on sand in their homes.

(C) They feel more comfortable on it.

Sum UP 빈칸에 알맞은 단어를 <보기>에서 찾아 쓰세요.

보기

villagers   dry   comfortable   warm

Some a _____ in Indonesia sleep on sand in their homes. They

have beds at home. But they feel more b _____ on sand. They

use special sand. It's c _____ and clean. It feels cool on hot days.

It feels d _____ on cold days, too.

A 그림에 알맞은 단어를 <보기>에서 골라 쓴 후, 우리말 의미를 쓰세요.

보기

| beach | steam | run | clean |

1

단어:
의미:

2

3

B 알맞은 단어를 골라 문장을 완성하세요.

1 그는 차가운 호수 안으로 뛰어든다.

→ He (jumps / comes) into the cold lake.

2 인도네시아에 한 작은 마을이 있다.

→ There is a small (lake / village) in Indonesia.

3 하지만 그들은 특별한 모래를 사용한다.

→ But they use (dry / special) sand.

4 사우나는 그의 문화의 큰 부분이다.

→ Saunas are a big (part / stone) of his culture.

C   다음 문장의 빈칸에 들어갈 단어를 <보기>에서 골라 쓰세요.

보기
| beach | village | cultures | dry |

1   우리는 해변을 따라 걷는 것을 좋아한다.

→ We like to walk along the _____.

2   나는 다른 문화에 대해 배우는 것을 좋아한다.

→ I like learning about different _____.

3   사막은 매우 마르고 덥다.

→ The desert is very _____ and hot.

4   그 마을 사람들은 매우 친절하다.

→ People in the _____ are very friendly.

D   주어진 우리말에 맞도록 알맞은 형태를 고르세요.

1   마을 사람들은 집에 침대가 있다.

→ The villagers (have / has / had) beds at home.

2   Henri는 사우나를 방문하는 것을 매우 좋아한다.

→ Henri loves to (visit / visits / visited) saunas.

3   그런 다음 그는 다시 사우나로 달려간다.

→ Then he (run / runs / ran) back to the sauna.

4   마을 사람들 중 몇몇은 그들 집 안에 있는 모래 위에서 잔다.

→ Some of the villagers (sleep / sleeps / slept) on sand in their homes.

Farmer's Market

wake up	(잠에서) 깨다, 일어나다	early	일찍, 빨리
delicious	맛있는	shop	가게, 상점
amazing	굉장한, 놀라운	fresh	신선한

A 아래 그림에 알맞은 단어를 쓰세요.

1

s ___ ___ ___

2

w ___ ___ ___   ___ ___

B 밑줄 친 우리말에 맞는 단어를 빈칸에 쓰세요.

1 우리는 그곳에 <u>일찍</u> 도착했다.

→ We arrived there _____.

2 이 케이크는 맛이 <u>놀랍</u>다.

→ This cake tastes _____.

3 저 딸기는 <u>신선한가요</u>?

→ Are those strawberries _____?

Farmer's Market

I **wake up early** today.

Dad and I go to the farmer's market.

We sell our apples there.

Here comes Mr. Baker.

He buys apples for his bakery.

His apple pies are so **delicious**!

Here comes Ms. Kelly.

She buys apples for her **shop**.

Her apple juice is **amazing**!

Many people love our apples.

They are **fresh** and sweet.

$2

$3

SALE

중심 생각

1 이 글의 알맞은 제목을 고르세요.

① 농산물 시장에서의 하루

② 신선한 사과로 만든 파이

③ 아빠와 함께한 시장 구경

세부 내용

2 글의 내용과 맞는 것에는 O표, 틀린 것에는 X표 하세요.

(a) '나'와 아빠는 농산물 시장에서 사과를 판다.　　　　　＿＿＿＿＿＿

(b) Baker 씨는 빵집을 운영한다.　　　　　＿＿＿＿＿＿

중심 생각

3 글에 등장하는 단어로 빈칸을 채워 보세요.

> Many people ＿＿＿**a**＿＿＿ our apples because they are ＿＿＿**b**＿＿＿ and sweet.
>
> 우리 사과가 ⓑ 신선하고 달기 때문에 많은 사람들이 우리 사과를 ⓐ 매우 좋아해요.

a : ＿＿＿＿＿＿＿＿＿　　　　**b** : ＿＿＿＿＿＿＿＿＿

✳ **Check the Pattern**

Here comes ~. (여기) ~이[가] 온다[와요].	• **Here comes** Mr. Baker. • **Here comes** Ms. Kelly.

○ 아래 빈칸에 알맞은 우리말을 쓰세요.

1 **Here comes** Mr. Baker.　　　여기 Baker 씨가 ＿＿＿＿＿＿＿＿＿ .

2 **Here comes** Ms. Kelly.　　　＿＿＿＿＿＿＿＿＿ .

 **Pattern UP** 우리말에 맞게 빈칸에 알맞은 말을 넣으세요.

[*]Here comes ~.
(여기) ~이[가] 온다[와요].

- the bus 버스
- the teacher 선생님
- your dad 네 아빠
- the train 기차

1 여기 네 아빠가 오셔.

→ Here ☐☐ ☐☐ .

2 여기 기차가 와.

→ Here ☐☐ ☐☐ .

3 여기 선생님께서 오셔.

→ Here ☐☐ ☐☐ .

4 여기 버스가 와.

→ Here ☐☐ ☐☐ .

Sum UP 빈칸에 알맞은 단어를 <보기>에서 찾아 쓰세요.

보기

bakery   buys   sell   fresh

Dad and I **a** ☐☐☐ apples at the farmer's market. Mr. Baker comes

and buys apples for his **b** ☐☐☐ . Then Ms. Kelly comes and

c ☐☐☐ apples, too. They love our apples because they're

d ☐☐☐ and sweet.

The Grand Bazaar

at first	처음에는	fire	불, 화재
build - built	짓다, 건축하다	become - became	~해지다, ~이 되다
city	도시	street	거리, 도로

A 아래 그림에 알맞은 단어를 쓰세요.

1

b __ __ __ __

2

s __ __ __ __ __ __

B 밑줄 친 우리말에 맞는 단어를 빈칸에 쓰세요.

1 그는 <u>화재</u>로 집을 잃었다.

→ He lost his house in a _____.

2 <u>도시</u>에는 차가 많다.

→ There are many cars in the _____.

3 봄에는 따뜻<u>해질</u> 것이다.

→ It will _____ warm in spring.

The Grand Bazaar

The Grand Bazaar is a big market in Turkey.

Many people visit and enjoy the culture.

At first, the market wasn't big.

But after **fires**, people **built** it again.

The market **became** bigger.

Now it's like a small **city**.

There are 61 **streets**.

There are more than 4,000 shops.

There are banks, a police station, and bathhouses, too.

중심 생각

1 글에 등장하는 단어로 제목을 완성하세요.

> The Grand Bazaar: A Big M_____ in Turkey

세부 내용

2 Grand Bazaar에 대해 글의 내용과 맞는 것에는 O표, 틀린 것에는 X표 하세요.

(a) 안에 있는 가게의 수는 4,000개보다 적다. _____

(b) 은행과 경찰서는 있지만 목욕탕은 없다. _____

세부 내용

3 Grand Bazaar의 규모가 커지게 된 이유를 고르세요.

① 튀르키예 문화의 상징물이 되어서

② 화재 이후 다시 지은 건물이 점점 커져서

③ 도시 경제를 발전시키기 위해서

중심 생각

4 글에 등장하는 단어로 빈칸을 채워 보세요.

> The Grand Bazaar is like a small _____ⓐ_____. There are many
> _____ⓑ_____ and shops, too.
>
> Grand Bazaar는 작은 ⓐ 도시 같아요. 많은 ⓑ 거리와 상점들도 있어요.

ⓐ : _____   ⓑ : _____

Build UP

질문		대답

1 Where is the Grand Bazaar?

2 How many shops are there?

3 How big is the Grand Bazaar?

(A) It's like a small city. There are 61 streets.

(B) It's in Turkey.

(C) There are more than 4,000 shops.

Sum UP 빈칸에 알맞은 단어를 <보기>에서 찾아 쓰세요.

보기

city	culture	more	market

The Grand Bazaar is a big **a** _____ . Many people visit there and enjoy the **b** _____ . At first, it wasn't big. But now, it's like a small **c** _____ . There are **d** _____ than 4,000 shops. There are even banks, a police station, and bathhouses, too.

A 그림에 알맞은 단어를 <보기>에서 골라 쓴 후, 우리말 의미를 쓰세요.

> 보기
>
> wake up   sell   street   build

1

2

3

단어:

의미:

B 알맞은 단어를 골라 문장을 완성하세요.

1 나는 오늘 일찍 일어난다.

→ I wake up (early / again) today.

2 4,000개보다 많은 가게가 있다.

→ There are more than 4,000 (shops / bakeries).

3 그녀의 사과주스는 굉장하다!

→ Her apple juice is (fresh / amazing)!

4 많은 사람들이 방문해서 그 문화를 즐긴다.

→ Many people visit and enjoy the (market / culture).

C 다음 문장의 빈칸에 들어갈 단어를 <보기>에서 골라 쓰세요.

> 보기
>
> at first   shop   fresh   delicious

1 저 샌드위치는 맛있어 보인다.

→ That sandwich looks _____.

2 나는 처음에는 Sally가 마음에 들지 않았다.

→ I didn't like Sally _____.

3 나의 삼촌은 사탕 가게를 운영하신다.

→ My uncle owns a candy _____.

4 그 식당은 샐러드에 신선한 채소를 사용한다.

→ The restaurant uses _____ vegetables for salad.

D 주어진 우리말에 맞도록 알맞은 형태를 고르세요.

1 여기 Baker 씨가 온다.

→ Here (come / comes / came) Mr. Baker.

2 하지만 화재 이후, 사람들은 그것을 다시 지었다.

→ But after fires, people (build / builds / built) it again.

3 그는 그의 빵집을 위해 사과를 산다.

→ He (buy / buys / bought) apples for his bakery.

4 그 시장은 더 커졌다.

→ The market (become / becomes / became) bigger.

My Swimming Class

first *second	첫 번째의 *두 번째의		nervous	긴장한, 불안해하는
hurt	1. 아프다 2. 다치게 하다		stay	1. 머무르다 2. ~인 채로 있다
hold	(손으로) 잡다, 붙들다		lie *lie back	눕다 *뒤로 눕다

A 주어진 단어를 따라 써 보세요.

1

n ___ ___ ___ ___ ___ s

2

l ___ ___

B 밑줄 친 우리말에 맞는 단어를 빈칸에 쓰세요.

1 오늘은 그녀의 학교 첫 번째 날이다.

→ It's her _____ day of school today.

2 안에서 머무르자. 밖은 더워.

→ Let's _____ inside. It's hot outside.

3 저를 위해 문을 잡아주실 수 있나요?

→ Can you _____ the door for me?

My Swimming Class

Today is my **first** swimming day.

I feel **nervous**.

My stomach **hurts**.

I **stay** outside the pool.

On the **second** day, my stomach hurts again.

But I get into the pool.

The teacher **holds** me in the water.

Then I **lie back** in the water.

The water feels warm.

My stomach feels better.

After that day, ⓐ my stomach never hurts again.

중심 생각

1 이 글의 알맞은 제목을 고르세요.

① 배탈이 난 하루

② 긴장되는 수영 수업

③ 친절한 내 수영 선생님

세부 내용

2 'I'에 대해 글의 내용과 맞는 것에는 O표, <u>틀린</u> 것에는 X표 하세요.

(a) 첫 번째 날에는 수영장 밖에 머물렀다.　　　　　　　_____

(b) 두 번째 날에는 배가 아파 수영 수업을 빠졌다.　　_____

내용 추론

3 밑줄 친 @ <u>my stomach never hurts again.</u>을 통해 알 수 있는 것을 고르세요.

① '나'는 더 이상 긴장하지 않는다.

② '나'는 수영장을 다시 방문하지 않는다.

③ '나'는 수영하기 전에 음식을 먹지 않는다.

✳ Check the Pattern

My ~ hurt(s). 나의 ~이[가] 아프다.	• **My** stomach **hurts.** • **My** fingers **hurt.**

➡ 아픈 곳이 하나면 hurts를, 하나보다 많으면 hurt를 사용해요.

○ 아래 빈칸에 알맞은 우리말을 쓰세요.

1 **My** stomach **hurts.**　　　　　나의 배가 _____ .

2 **My** fingers **hurt.**　　　　　_____ .

 **Pattern UP** 우리말에 맞게 빈칸에 알맞은 말을 넣으세요.

---

*My ~ hurt(s).
나의 ~이[가] 아프다.

- knee 무릎
- throat 목구멍, 목
- tooth 이
- feet 발 *foot의 복수형

---

1 나의 목구멍이 아프다.

→ ☐ ☐ ☐ .

2 나의 무릎이 아프다.

→ ☐ ☐ ☐ .

3 나의 이가 아프다.

→ ☐ ☐ ☐ .

4 나의 발이 아프다.

→ ☐ ☐ ☐ .

 **Sum UP** 이야기의 순서에 맞게 빈칸에 번호를 쓰세요.

1 I stay outside the pool.

2 I lie back in the water. It feels warm. My stomach feels better.

3 I feel nervous, and my stomach hurts.

4 My stomach hurts again, but I get into the pool.

☐ 3 → ☐ → ☐ → ☐

A Player with No Arms

lose - lost	잃다	start - started	시작하다
throw - threw	던지다	practice - practiced	연습하다
win	이기다	impossible	불가능한

A 주어진 단어를 따라 써 보세요.

1

w ___ ___

2

t ___ ___ ___ ___

B 밑줄 친 우리말에 맞는 단어를 빈칸에 쓰세요.

1 그 영화는 몇 시에 <u>시작하나요</u>?

→ What time does the movie _____?

2 너는 더 <u>연습할</u> 필요가 있다.

→ You need to _____ more.

3 과거를 바꾸는 것은 <u>불가능하다</u>.

→ Changing the past is _____.

A Player with No Arms

Ibrahim **lost** his arms when he was 10.

But he **started** table tennis.

He put the *paddle in his mouth.

Then he **threw** the ball with his foot and played.

He **practiced** every day.

Now he plays for his country.

He plays in big games.

He still practices hard to **win**.

He shows that nothing is **impossible**.

*paddle 탁구 라켓 ((탁구공을 치는 기구))

중심 생각

1 이 글의 알맞은 제목을 고르세요.

① 탁구 라켓을 잡는 방법

② 탁구 국가대표가 되는 법

③ 탁구 선수의 도전 정신

세부 내용

2 Ibrahim에 대한 내용 중 <u>틀린</u> 것을 고르세요.

① 10살에 양팔을 잃었다.

② 양팔을 잃고 나서 탁구를 시작했다.

③ 더 이상 경기에 참가하지 않는다.

세부 내용

3 Ibrahim에 대해 글에서 알 수 있는 것을 고르세요.

① 출신 나라   ② 양팔을 잃은 이유   ③ 탁구를 치는 방법

중심 생각

4 글에 등장하는 단어로 빈칸을 채워 보세요.

Ibrahim plays for his _____ ⓐ _____ and shows that nothing is

_____ ⓑ _____ .

Ibrahim은 그의 ⓐ 나라를 대표해 경기하면서 ⓑ 불가능한 것은 없다는 것을
보여줘요.

ⓐ : _____   ⓑ : _____

 주어진 질문에 알맞은 대답을 연결하세요.

질문

① When did Ibrahim lose his arms?

② How does he play table tennis?

③ Why does he still practice hard?

대답

(A) He lost them when he was 10.

(B) He practices hard to win.

(C) He uses his mouth and foot.

 빈칸에 알맞은 단어를 <보기>에서 찾아 쓰세요.

보기

| impossible | started | threw | mouth |

Ibrahim lost his arms when he was 10. Then he ⓐ _____ table tennis. He put the paddle in his ⓑ _____ and ⓒ _____ the ball with his foot. He practiced every day. Now he plays for his country. He shows that nothing is ⓓ _____.

A 그림에 알맞은 단어를 <보기>에서 골라 쓴 후, 우리말 의미를 쓰세요.

보기 | impossible　　　throw　　　nervous　　　lie

1　　　　　　　　　　　2　　　　　　　　　　　3

단어: _____　　_____　　_____

의미: _____　　_____　　_____

B 알맞은 단어를 골라 문장을 완성하세요.

1 오늘은 나의 첫 번째 수영 날이다.

　→ Today is my (first / second) swimming day.

2 나는 수영장 밖에 머무른다.

　→ I (feel / stay) outside the pool.

3 하지만 그는 탁구를 시작했다.

　→ But he (threw / started) table tennis.

4 그는 여전히 이기기 위해 열심히 연습한다.

　→ He still practices hard to (win / play).

C 다음 문장의 빈칸에 들어갈 단어를 <보기>에서 골라 쓰세요.

보기
hurts　　　lie　　　hold　　　practices

1 나는 침대에 눕는다.

→ I _____ back on the bed.

2 그녀는 매일 피아노를 연습한다.

→ She _____ the piano every day.

3 내 손을 잡고 조심히 걸어라.

→ _____ my hand and watch your step.

4 허리가 아파서 움직일 수 없어요.

→ I can't move because my back _____.

D 주어진 우리말에 맞도록 알맞은 형태를 고르세요.

1 하지만 나는 수영장에 들어간다.

→ But I (get / gets / got) into the pool.

2 내 배는 나아진 느낌이 든다.

→ My stomach (feel / feels / felt) better.

3 그다음 그는 발로 공을 던졌고 경기했다.

→ Then he (throw / throws / threw) the ball with his foot and played.

4 이제 그는 그의 나라를 위해 경기한다.

→ Now he (play / plays / played) for his country.

Different Doors, Different Owners

door	문		owner	주인
live	살다		apartment	아파트
behind	~ 뒤에		delivery	배달

A 주어진 단어를 따라 써 보세요.

1

__ __ __ __ __ __ __ y

2

b __ __ __ __ __

B 밑줄 친 우리말에 맞는 단어를 빈칸에 쓰세요.

1 그 <u>아파트</u>에는 세 개의 방이 있다.

→ There are three rooms in the _____.

2 그녀는 그 가게의 <u>주인</u>이다.

→ She is the _____ of the shop.

3 내 친구들은 학교 근처에 <u>산다</u>.

→ My friends _____ near the school.

Different Doors, Different Owners

I **live** in an **apartment** building.

Every **door** tells a story about the home **owner**.

Mr. Smith lives **behind** this door.

There's another door on it.

That's for his dog Leo.

Sarah lives behind this door.

There's a bag at the door.

That's her food **delivery**.

There's a small bike at this door.

Who lives behind the door?

That's me!

중심 생각

1 이 글의 알맞은 제목을 고르세요.

① 나의 아늑한 집

② 다양한 종류의 아파트

③ 내가 사는 아파트의 이웃들

세부 내용

2 다음 그림 중 Smith 씨의 현관문을 고르세요.

①

②

③

세부 내용

3 글을 읽고 알 수 <u>없는</u> 것을 고르세요.

① Smith 씨가 키우는 개 이름

② 글쓴이가 사는 아파트 호수

③ 음식 배달 봉투의 주인

✳ **Check the Pattern**

That's ~.
저것은[그것은] ~이다.

• **That's** for his dog Leo.
• **That's** her food delivery.

➡ That's는 That is를 줄인 말이에요.

🔾 **아래 빈칸에 알맞은 우리말을 쓰세요.**

1 **That's** for his dog Leo. _____.

2 **That's** her food delivery. _____.

 **Pattern UP** 우리말에 맞게 빈칸에 알맞은 말을 넣으세요.

*That's ~.
저것은[그것은] ~이다.

- his house 그의 집
- a good idea 좋은 생각
- mine 내 것
- right 맞는

1 그것은 맞다. → _____ _____ .

2 그것은 좋은 생각이다. → _____ _____ .

3 저것은 내 것이다. → _____ _____ .

4 저것은 그의 집이다. → _____ _____ .

 **Sum UP** 빈칸에 알맞은 단어를 <보기>에서 찾아 쓰세요.

보기
food	door	lives	bike

Mr. Smith _____ here. There is another door on his _____ . That's for Leo.

Sarah lives here. There is a bag at her door. That's her _____ delivery.

I live here. There is always a _____ at the door.

Vera's New Coat

buy - bought	사다	need - needed	필요하다
neighbor	이웃	cut - cut	자르다, 잘라내다
make - made	만들다	give - gave	주다

A 아래 그림에 알맞은 단어를 쓰세요.

1

b ___ ___

2

m ___ ___ ___

B 밑줄 친 우리말에 맞는 단어를 빈칸에 쓰세요.

1 매일 꽃에 물을 <u>주어라</u>.

→ _____ water to the flower every day.

2 우리는 파티에 더 많은 의자들이 <u>필요하다</u>.

→ We _____ more chairs for the party.

3 나의 새 <u>이웃</u>은 매우 친절하다.

→ My new _____ is very friendly.

Vera's New Coat

Vera worked and saved money.

Then she **bought** a new coat.

One day, a family lost their house in a fire.

The family had three little girls.

They **needed** food and clothes.

When Vera heard about her **neighbors**, she **cut** her new coat.

She **made** three coats for the girls.

She **gave** food to the family, too.

She was a true neighbor.

중심 생각

1 이 글은 무엇에 대해 설명하는 내용인가요?

① 화재로 집을 잃은 가족

② 불우 이웃을 돕는 방법

③ 진정한 이웃의 따뜻한 마음

세부 내용

2 글의 내용과 맞는 것에는 O표, 틀린 것에는 X표 하세요.

(a) Vera는 돈을 모았지만, 새 코트를 사지 못했다. _____

(b) 집을 잃은 가족에게는 세 명의 어린 딸이 있었다. _____

세부 내용

3 Vera가 이웃을 위해 한 일이 아닌 것을 고르세요.

① 코트를 새로 만들기   ② 음식을 주기   ③ 돈을 모금하기

중심 생각

4 글에 등장하는 단어로 빈칸을 채워 보세요.

> Vera _____ ⓐ _____ her new coat and helped the family. She was
> a true _____ ⓑ _____ .
>
> Vera는 자신의 새 코트를 ⓐ 잘라 그 가족을 도와주었어요. 그녀는 진정한 ⓑ 이웃
> 이었어요.

ⓐ : _____   ⓑ : _____

 **주어진 질문에 알맞은 대답을 연결하세요.**

질문

1 What did Vera buy?

2 How did the family lose their house?

3 What did Vera do for the family?

대답

(A) They lost their house in a fire.

(B) She made coats and gave food to the family.

(C) She bought a new coat.

Sum UP **빈칸에 알맞은 단어를 <보기>에서 찾아 쓰세요.**

보기

gave   bought   neighbor   lost

Vera saved money and (a) _____ a new coat. But one day, a family (b) _____ their house in a fire. They needed food and clothes. Vera made new coats and (c) _____ food to the family. She was a true (d) _____ .

A 그림에 알맞은 단어를 <보기>에서 골라 쓴 후, 우리말 의미를 쓰세요.

> 보기
>
> live   buy   delivery   make

1

2

3

단어:

의미:

B 알맞은 단어를 골라 문장을 완성하세요.

1 Smith 씨는 이 문 뒤에 산다.

→ Mr. Smith lives (at / behind) this door.

2 모든 문은 집 주인에 대한 이야기를 한다.

→ Every (door / apartment) tells a story about the home owner.

3 그녀는 그 가족에게 음식도 주었다.

→ She (gave / cut) food to the family, too.

4 그녀는 진정한 이웃이었다.

→ She was a true (neighbor / family).

C 다음 문장의 빈칸에 들어갈 단어를 <보기>에서 골라 쓰세요.

| bought | need | door | apartment |

1 우리는 아침 식사를 위해 더 많은 우유가 필요하다.

→ We _____ more milk for breakfast.

2 그는 아파트에 사나요?

→ Does he live in an _____ ?

3 나는 영화 티켓을 샀다.

→ I _____ tickets for the movie.

4 네 뒤의 문을 닫아라.

→ Close the _____ behind you.

D 주어진 우리말에 맞도록 알맞은 형태를 고르세요.

1 Sarah는 이 문 뒤에 산다.

→ Sarah (live / lives / lived) behind this door.

2 이 문에 작은 자전거가 있다.

→ There (be / is / was) a small bike at this door.

3 어느 날, 한 가족이 화재로 집을 잃었다.

→ One day, a family (lose / loses / lost) their house in a fire.

4 Vera는 일했고 돈을 모았다.

→ Vera worked and (save / saves / saved) money.

Ella's Hello

Look UP

say hello	인사하다
wrap	감다, 두르다
trunk	(코끼리의) 코

hug	껴안다, 포옹하다
idea	생각, 아이디어
gentle	상냥한, 부드러운

A 아래 그림에 알맞은 단어를 쓰세요.

1

s ___ ___

___ ___ ___ ___ ___

2

___ ___ ___

B 밑줄 친 우리말에 맞는 단어를 빈칸에 쓰세요.

1 그는 <u>상냥한</u> 미소를 가지고 있다.

→ He has a _____ smile.

2 그거 좋은 <u>생각</u>이다!

→ That's a great _____!

3 밖이 추워. 목 주변에 목도리를 <u>두르렴</u>.

→ It's cold outside. _____ your scarf around your neck.

Ella's Hello

Ella, the Elephant, watches other animals **say hello**.

"I see monkeys **hug**.

I see hippos kiss.

I see lions **wrap** tails.

I want to say hello, too."

But elephants can't hug, kiss, or wrap their tails.

Soon Ella has a great **idea**.

She goes to her dad.

She slowly wraps her **trunk** around his trunk.

It's a warm and **gentle** hello.

중심 생각

1 이 글의 알맞은 제목을 고르세요.

① Ella의 정글 탐험

② 동물들의 먹이 사냥

③ 코끼리의 상냥한 인사

세부 내용

2 글의 내용과 맞는 것에는 O표, 틀린 것에는 X표 하세요.

(a) 하마들은 입을 맞춰 인사를 나눈다. _____

(b) Ella는 껴안거나 꼬리를 감을 수 없다. _____

세부 내용

3 글에 등장하는 단어로 빈칸을 채워 보세요.

> Ella _____ **a** _____ her trunk _____ **b** _____ her dad's trunk.
>
> Ella는 자신의 코를 아빠의 코 ⓑ 주변에 ⓐ 감아요.

a : _____   **b** : _____

☀ **Check the Pattern**

| **I see A ~.** 나는 A가 ~하는 것을 본다. | • **I see** monkeys **hug**. • **I see** lions **wrap** tails. |

○ 아래 빈칸에 알맞은 우리말을 쓰세요.

1 **I see** monkeys **hug**.   나는 원숭이들이 _____.

2 **I see** lions **wrap** tails.   나는 사자들이 꼬리를 _____.

 **Pattern** 우리말에 맞게 빈칸에 알맞은 말을 넣으세요.

1 나는 그녀가 춤추는 것을 본다. → I _____ her _____.

2 나는 새가 나는 것을 본다. → I _____ the bird _____.

3 나는 아이들이 달리는 것을 본다. → I _____ the children _____.

4 나는 버스가 떠나는 것을 본다. → I _____ the bus _____.

Sum UP 그림에 알맞은 문장을 연결하세요.

(A) They hug each other.

(B) They wrap their tails.

(C) They kiss.

(D) They wrap their trunks.

Elephant Ears

do	하다		mean	의미하다
fold	접다		danger	위험
open	1. 펼치다 2. 열다		surprise	놀라움

A 아래 그림에 알맞은 단어를 쓰세요.

1

o ___ ___ ___

2

s ___ ___ ___ ___ ___ ___ ___

B 밑줄 친 우리말에 맞는 단어를 빈칸에 쓰세요.

1 빨간 불은 멈추라는 <u>의미이다</u>.

→ Red lights _____ stop.

2 담요를 매일 아침 <u>접어</u>주세요.

→ Please _____ the blanket every morning.

3 함께 설거지를 <u>하자</u>.

→ Let's _____ the dishes together.

Elephant Ears

Elephants have large ears.

They can **do** many things with their ears.

Elephants move their ears and lose body heat.

So they become cooler.

Elephants send messages with their ears, too.

They *brush their ears against other elephants.

It **means** hello.

They **fold** their ears.

It means **danger**.

They **open** their ears wide.

It means **surprise**.

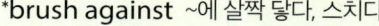

*brush against ~에 살짝 닿다, 스치다

정답과 해설 p.24

중심 생각

1 이 글은 무엇에 대해 설명하는 내용인가요?

코끼리 귀의 _____

① 민감한 피부 　　　　② 다양한 역할 　　　　③ 놀라운 청력

세부 내용

2 글을 읽고 대답할 수 <u>없는</u> 질문을 고르세요.

① 코끼리는 체온 조절을 어떻게 하나요?

② 코끼리는 얼마나 멀리 떨어진 소리를 들을 수 있나요?

③ 코끼리는 서로에게 어떻게 인사를 하나요?

세부 내용

3 '놀라움'을 나타내는 코끼리의 모습을 고르세요.

① 다른 코끼리에게 귀를 살짝 스친다.

② 귀를 바짝 접는다.

③ 귀를 활짝 편다.

중심 생각

4 글에 등장하는 단어로 빈칸을 채워 보세요.

Elephants _____ⓐ_____ many things with their ears. They can stay cool and send _____ⓑ_____, too.

코끼리는 귀로 많은 것을 ⓐ 해요. 그것들은 시원하게 지내고 ⓑ 메시지를 보낼 수도 있어요.

ⓐ : _____　　　　　　ⓑ : _____

 그림에 알맞은 문장을 연결하세요.

1

2

3

(A) Elephants open their ears wide. It means surprise.

(B) Elephants brush their ears against others. It means hello.

(C) Elephants fold their ears. It means danger.

 빈칸에 알맞은 단어를 <보기>에서 찾아 쓰세요.

<보기>

move   ears   danger   messages

Elephants can do many things with their a _____ . They
b _____ their ears and lose body heat. Elephants can send
c _____ with their ears, too. For example, they fold their ears. It
means d _____ .

A 그림에 알맞은 단어를 <보기>에서 골라 쓴 후, 우리말 의미를 쓰세요.

보기

| say hello | hug | trunk | open |

1

2

3

단어: _____

의미: _____

B 알맞은 단어를 골라 문장을 완성하세요.

1 그것은 놀라움을 의미한다.

→ It means (hello / surprise).

2 나는 사자들이 꼬리를 감는 것을 본다.

→ I see lions (wrap / kiss) tails.

3 그것은 따뜻하고 상냥한 인사다.

→ It's a warm and (great / gentle) hello.

4 그들은 그들의 귀로 많은 것들을 할 수 있다.

→ They can (do / brush) many things with their ears.

C 다음 문장의 빈칸에 들어갈 단어를 <보기>에서 골라 쓰세요.

보기
| trunk | fold | idea | danger |

1 종이를 반으로 접어라.

→ _____ the paper in half.

2 이 표지판은 '위험'을 나타낸다.

→ This sign shows _____ .

3 코끼리는 코로 사과를 집어 들었다.

→ The elephant picked up the apple with its _____ .

4 너는 그 아이디어를 어떻게 생각하니?

→ What do you think of the _____ ?

D 주어진 우리말에 맞도록 알맞은 형태를 고르세요.

1 그것은 위험을 <u>의미한다</u>.

→ It (mean / means / meant) danger.

2 그들은 그들의 귀를 활짝 <u>펼친다</u>.

→ They (open / opens / opened) their ears wide.

3 그녀는 그의 코 주위에 천천히 자신의 코를 <u>감는다</u>.

→ She slowly (wrap / wraps / wrapped) her trunk around his.

4 나는 원숭이들이 <u>껴안는</u> 것을 본다.

→ I see monkeys (hug / hugs / hugged).

Belugas

group *in a group	무리, 집단 *무리 지어, 떼를 지어		hunt	사냥하다
protect	보호하다		each other	서로
ocean	바다, 대양		leave	떠나다

A 아래 그림에 알맞은 단어를 쓰세요.

1

h ___ ___ ___

2

g ___ ___ ___ ___

B 밑줄 친 우리말에 맞는 단어를 빈칸에 쓰세요.

1 나는 아침 8시에 집을 <u>떠난다</u>.

→ I _____ the house at 8 a.m.

2 그 헬멧은 너를 <u>보호할</u> 것이다.

→ The helmet will _____ you.

3 너희는 어떻게 <u>서로를</u> 알게 되었니?

→ How do you know _____?

Belugas

*Belugas like cold waters and sea ice.

They live **in** large **groups**.

They **hunt** together and **protect each other**.

But now the groups are getting smaller.

Why?

The **oceans** are getting warmer.

Many belugas **leave** their groups for colder waters.

When the groups get smaller, they can't hunt.

They can't protect each other.

They are more in danger.

*beluga 벨루가, 흰돌고래

중심 생각

1 이 글은 무엇에 대해 설명하는 글인가요?

> 벨루가의 _____

① 독특한 사냥법   ② 작아지는 무리   ③ 추운 바다 생존법

세부 내용

2 벨루가에 대해 글의 내용과 맞는 것에는 O표, 틀린 것에는 X표 하세요.

(a) 따뜻한 바다를 좋아한다.   _____

(b) 서로를 보호하지만 함께 사냥하지는 않는다.   _____

세부 내용

3 글을 읽고 대답할 수 없는 질문을 고르세요.

① 벨루가는 주로 무엇을 사냥하나요?

② 벨루가는 왜 무리를 떠나고 있나요?

③ 벨루가의 무리가 작아지면 왜 더 위험한가요?

중심 생각

4 글에 등장하는 단어로 빈칸을 채워 보세요.

> Because the oceans are getting _____ⓐ_____ , beluga groups are getting
> _____ⓑ_____ .
>
> 바다가 ⓐ 더 따뜻해지고 있기 때문에 벨루가 무리는 ⓑ 더 작아지고 있어요.

ⓐ : _____   ⓑ : _____

Build UP 아래 상자를 알맞게 연결하여 문장을 완성하세요.

① Belugas live in large groups	② The oceans are getting warmer	③ Belugas can't hunt or protect each other

(A) when the groups get smaller.	(B) so belugas leave their groups for colder waters.	(C) because they hunt together and protect each other.

Sum UP 빈칸에 알맞은 단어를 <보기>에서 찾아 쓰세요.

보기

danger   oceans   smaller   leave

Belugas like cold waters. But now, the ⓐ _____ are getting warmer. Many belugas ⓑ _____ their groups for colder waters. The groups get ⓒ _____, and belugas can't hunt or protect each other. They are in ⓓ _____ now.

Time to Act

act	행동하다	keep -ing	계속 ~하다
rise	오르다, 올라가다	sink	가라앉다
promise *make a promise	약속 *약속을 하다	nobody	아무도 ~ 않다

A 아래 그림에 알맞은 단어를 쓰세요.

1

s ___ ___ ___

2
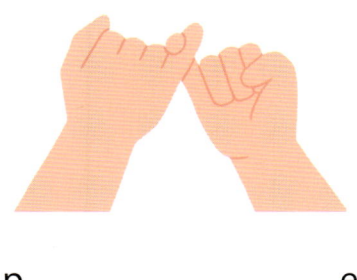

p ___ ___ ___ ___ ___ e

B 밑줄 친 우리말에 맞는 단어를 빈칸에 쓰세요.

1 그들은 <u>계속</u> 큰 소리로 노래를 부른다.

→ They _____ singing loudly.

2 굴뚝에서 연기가 <u>피어오르기</u> 시작했다.

→ Smoke started to _____ from the chimney.

3 <u>아무도</u> 아침 일찍 일어나는 것을 좋아하지 <u>않는다</u>.

→ _____ likes waking up early.

Time to Act

Anchor: *Sea levels **keep rising**.

Tuvalu may **sink into the ocean.

Australia will help.

Here's James with the story.

James: Today Australia **made a promise**.

People from Tuvalu can stay in Australia.

They can live, work, and study.

But some people are not happy.

They say, "**Nobody** should leave their home.

We must **act** now.

We must protect the Earth."

*sea level 해수면
**Tuvalu 투발루 ((태평양에 있는 섬나라))

LIVE

중심 생각

1   **이 글의 알맞은 제목을 고르세요.**

① 사라질 위기에 처한 투발루

② James가 추천하는 호주 여행지

③ 지구를 보호하기 위한 호주의 노력

세부 내용

2   **투발루 사람들에 대해 글의 내용과 맞는 것에는 O표, 틀린 것에는 X표 하세요.**

(a) 살고 있는 섬이 가라앉아 집을 잃을지도 모른다.   _____

(b) 호주에서 지내도 되지만, 일할 수는 없다.   _____

세부 내용

3   **글을 읽고 대답할 수 있는 질문을 고르세요.**

① 호주는 왜 투발루를 돕기로 했나요?

② 일부 투발루 사람들은 왜 이 결정에 만족하지 않았나요?

③ 투발루 사람들은 호주에서 얼마나 지낼 수 있나요?

❋ **Check the Pattern**

We must ~.
우리는 (반드시) ~해야 한다.

• **We must** act now.
• **We must** protect the Earth.

○ **아래 빈칸에 알맞은 우리말을 쓰세요.**

1   **We must** act now.   이제 우리는   .

2   **We must** protect the Earth.   .

Unit 14   **75**

 우리말에 맞게 빈칸에 알맞은 말을 넣으세요.

*We must ~.
우리는 (반드시) ~해야 한다

- wait 기다리다
- wash 씻다
- follow 따르다, 지키다
- wear (모자를) 쓰다

1 우리는 그 규칙들을 따라야 한다.

→ ☐ ☐ ☐ the rules.

2 우리는 손을 씻어야 한다.

→ ☐ ☐ ☐ our hands.

3 우리는 안전모를 써야 한다.

→ ☐ ☐ ☐ a safety helmet.

4 우리는 줄에 서서 우리 차례를 기다려야 한다.

→ ☐ ☐ ☐ our turn in line.

 빈칸에 알맞은 단어를 <보기>에서 찾아 쓰세요.

보기

protect   sink   promise   study

Sea levels keep rising. Tuvalu may **a** ☐ into the ocean.

Australia made a **b** ☐ . People from Tuvalu can live, work, and

c ☐ there. But nobody should leave their home. We must

d ☐ the Earth now.

Unit 13-14
Wrap Up

정답과 해설 p.30

A 그림에 알맞은 단어를 <보기>에서 골라 쓴 후, 우리말 의미를 쓰세요.

보기
| ocean | promise | sink | hunt |

1

2

3

단어:

의미:

B 알맞은 단어를 골라 문장을 완성하세요.

1 바다는 더 따뜻해지고 있다.

→ The (oceans / dangers) are getting warmer.

2 그들은 서로를 보호할 수 없다.

→ They can't protect (others / each other).

3 오늘 호주는 약속을 했다.

→ Today Australia made a (story / promise).

4 우리는 지금 행동해야 한다.

→ We must (act / help) now.

C 다음 문장의 빈칸에 들어갈 단어를 <보기>에서 골라 쓰세요.

보기

| nobody | protect | rise | keep |

1 풍선들이 공중으로 올라가기 시작했다.

→ The balloons started to _____ in the air.

2 그 책을 계속 읽어라. 답을 찾을 것이다.

→ _____ reading the book. You'll find the answers.

3 내가 전화했지만, 아무도 받지 않았다.

→ I called, but _____ answered.

4 선글라스는 햇빛으로부터 우리 눈을 보호한다.

→ Sunglasses _____ our eyes from sunlight.

D 주어진 우리말에 맞도록 알맞은 형태를 고르세요.

1 벨루가들은 차가운 (바닷)물과 바다 얼음을 좋아한다.

→ Belugas (like / likes / liked) cold waters and sea ice.

2 하지만 지금 그 무리들은 점점 작아지고 있는 중이다.

→ But now the groups (be / are / were) getting smaller.

3 투발루는 바닷속으로 가라앉을지도 모른다.

→ Tuvalu may (sink / sinks / sank) into the ocean.

4 아무도 자신의 집을 떠나선 안 된다.

→ Nobody should (leave / leaves / left) their home.

No Worries!

worry	1. 걱정, 걱정거리 2. 걱정하다	little	1. 작은 (= small) 2. 어린
secret	비밀	strange	이상한
afraid	무서워하는, 겁내는	suddenly	갑자기

A 아래 그림에 알맞은 단어를 쓰세요.

1

__ __ __ __ __ e

2

s __ __ __ __ __

B 밑줄 친 우리말에 맞는 단어를 빈칸에 쓰세요.

1 <u>갑자기</u>, 그 음악이 멈췄다.

→ _____, the music stopped.

2 너는 거미를 <u>무서워하니</u>?

→ Are you _____ of spiders?

3 너는 <u>걱정할</u> 필요 없어.

→ You don't need to _____.

No Worries!

Liam had a **little secret**.

He had a small **worry**.

But he didn't **worry** much.

Soon, something **strange** happened.

When he didn't talk about it, the worry started to grow.

It got bigger and bigger, and Liam started to worry.

He felt **afraid**.

He talked about his worry with his mom.

Suddenly, the worry got smaller and smaller.

중심 생각

1 이 글의 교훈은 무엇인가요?

① 비밀은 꼭 지키자.

② 걱정거리는 함께 나누자.

③ 용기 내어 두려움을 극복하자.

세부 내용

2 Liam에 대해 글의 내용과 <u>틀린</u> 것을 고르세요.

① 작은 걱정에도 많이 걱정했다.

② 걱정이 커지면서 무서워졌다.

③ 엄마와 걱정에 대해 대화를 나누었다.

중심 생각

3 글에 등장하는 단어로 빈칸을 채워 보세요.

> When Liam started to _____ ⓐ _____ about his worry, it got
> _____ ⓑ _____ and smaller.
>
> Liam이 걱정에 대해 ⓐ 말하기 시작했을 때, 그것은 점점 ⓑ 더 작아졌어요.

ⓐ : _____   ⓑ : _____

✳ **Check the Pattern**

| **A started to ~.**
 A가 ~하기 시작했다. | • The worry **started to** grow.
 • Liam **started to** worry. |

○ 아래 빈칸에 알맞은 우리말을 쓰세요.

1 The worry **started to** grow.   걱정은 _____ .

2 Liam **started to** worry.   Liam은 _____ .

 우리말에 맞게 빈칸에 알맞은 말을 넣으세요.

A started to ~.
A가 ~하기 시작했다.

- move 움직이다
- write 글을 쓰다
- cry 울다
- fall 떨어지다

1 그는 글을 쓰기 시작했다.

→ He [   ] [   ] [   ].

2 나뭇잎들이 떨어지기 시작했다.

→ The leaves [   ] [   ] [   ].

3 그 아기는 울기 시작했다.

→ The baby [   ] [   ] [   ].

4 그 차는 움직이기 시작했다.

→ The car [   ] [   ] [   ].

 빈칸에 알맞은 단어를 <보기>에서 찾아 쓰세요.

보기

suddenly   strange   afraid   little

I had a ⓐ [   ] secret. I had a small worry, but I didn't talk about it. But soon, something ⓑ [   ] happened. The worry got bigger and bigger! I felt ⓒ [   ] and talked about it with Mom. ⓓ [   ], the worry became smaller.

Bye Bye, Stress!

go away	없어지다, 사라지다	mind	마음, 정신
take care of	~을 돌보다	diet	식사, 식단
active	활동적인	hobby	취미

A 아래 그림에 알맞은 단어를 쓰세요.

1

___ ___ ___ ___ ___ e

2

___ ___ ___ t

B 밑줄 친 우리말에 맞는 단어를 빈칸에 쓰세요.

1 네 취미는 무엇이니?

→ What is your _____?

2 먹구름은 곧 사라질 것이다.

→ The dark clouds will _____ soon.

3 나는 여행에 대해 마음을 바꿨다.

→ I changed my _____ about the trip.

Bye Bye, Stress!

Stress doesn't **go away** easily.

It's bad for your **mind** and body.

So you should **take care of** yourself.

Here are some good ways.

First, eat a healthy **diet**.

Some foods make your mood better.

Try yogurt or dark chocolate.

Next, be **active**.

You can take a walk or play sports.

Not a fan of sports?

You can write a diary or work on your **hobby**.

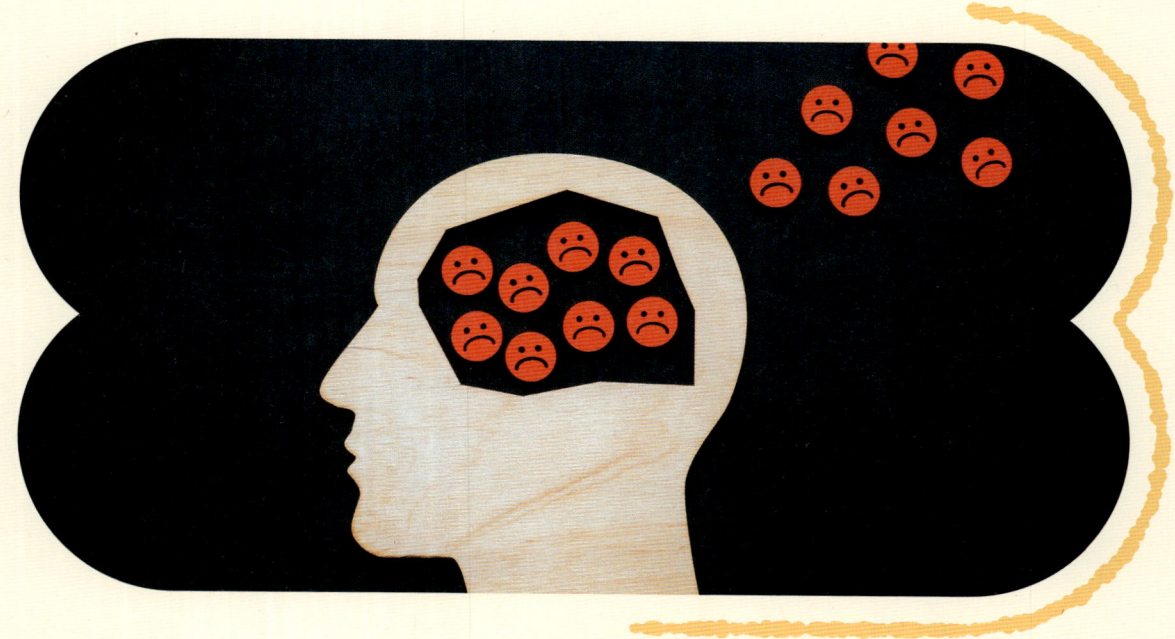

중심 생각

1 이 글은 무엇에 대해 설명하는 내용인가요?

① 스트레스가 생기는 이유

② 스트레스가 건강에 주는 영향

③ 스트레스로부터 자신을 돌보는 방법

세부 내용

2 글의 내용과 맞는 것에는 O표, 틀린 것에는 X표 하세요.

(a) 스트레스는 쉽게 사라질 수 있다. _____

(b) 일부 음식들은 기분을 나아지게 만든다. _____

세부 내용

3 글의 내용을 잘못 이해한 사람을 고르세요.

① 지안: 스트레스는 우리 마음뿐만 아니라 몸에도 좋지 않아.

② 선아: 스트레스 받을 때는 다크초콜릿을 피해야 해.

③ 연우: 운동 대신 일기를 쓰면서 네 자신을 돌볼 수 있어.

중심 생각

4 글에 등장하는 단어로 빈칸을 채워 보세요.

Eat a healthy diet and be _____ a _____ . Your stress will _____ b _____ .

건강한 식사를 하고 ⓐ 활동적으로 지내세요. 스트레스가 ⓑ 없어질 거예요.

a : _____   b : _____

1 Stress doesn't go away easily,

2 You should try yogurt or dark chocolate

3 You can write a diary

(A) because they make your mood better.

(B) and it's bad for your mind and body.

(C) when you are not a fan of sports.

 빈칸에 알맞은 단어를 <보기>에서 찾아 쓰세요.

보기

active   diet   hobby   yourself

Stress is bad for your mind and body. You should take care of

a _____ . First, eat a healthy b _____ . You can try foods like

yogurt or dark chocolate. Next, be c _____ and play sports. Or you

can enjoy your d _____ .

정답과 해설 p.34

A 그림에 알맞은 단어를 <보기>에서 골라 쓴 후, 우리말 의미를 쓰세요.

보기

secret	little	suddenly	active

1   2   3

단어: _____   _____   _____

의미: _____   _____   _____

B 알맞은 단어를 골라 문장을 완성하세요.

1 그는 무서워했다.

→ He felt (afraid / strange).

2 스트레스는 쉽게 사라지지 않는다.

→ Stress doesn't (grow / go away) easily.

3 그는 작은 걱정거리가 있었다.

→ He had a small (worry / mind).

4 그래서 너는 네 자신을 돌봐야 한다.

→ So you should (try / take) care of yourself.

C 다음 문장의 빈칸에 들어갈 단어를 <보기>에서 골라 쓰세요.

보기
hobby	suddenly	mind	secret

1 다른 사람들에게 마음을 여세요.

→ Open your _____ to others.

2 야구를 하는 것은 내 취미이다.

→ Playing baseball is my _____.

3 아무에게도 비밀을 말하지 마라.

→ Don't tell anybody the _____.

4 전화가 갑자기 울리기 시작했다.

→ The phone _____ started to ring.

D 주어진 우리말에 맞도록 알맞은 형태를 고르세요.

1 첫째, 건강한 식사를 먹어라[해라].

→ First, (eat / eats / ate) a healthy diet.

2 너는 산책하거나 스포츠를 할 수 있다.

→ You can take a walk or (play / plays / played) sports.

3 곧, 무언가 이상한 일이 일어났다.

→ Soon, something strange (happen / happens / happened).

4 그것은 점점 더 커졌고, Liam은 걱정하기 시작했다.

→ It got bigger and bigger, and Liam (start / starts / started) to worry.

왓츠 What's Grammar

왓츠그래머 시리즈로 영문법의 기초를 다져보세요!

1. 초등 교과 과정에서 필수인 문법 사항 총망라
2. 세심한 난이도 조정으로 학습 부담은 DOWN
3. 중, 고등 문법을 대비하여 탄탄히 쌓는 기초

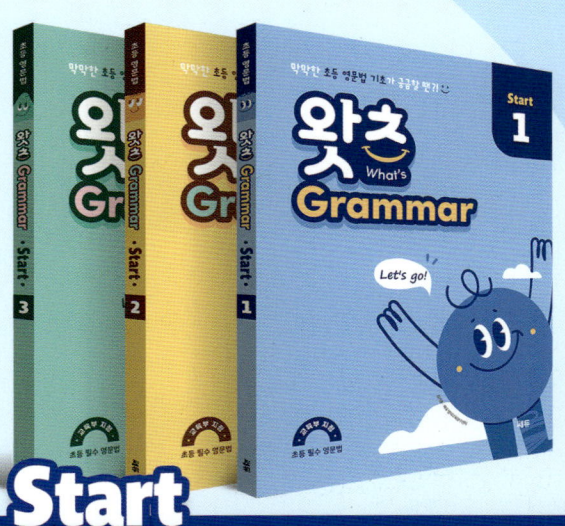

Start

아이들이 **영문법**을 처음 접한다면?

초등 저학년을 위한 기초 문법서

+Plus

기초 문법 개념을 한 바퀴 돌렸다면?

초등 고학년을 위한 기초 & 심화 문법서

초등학생을 위한 필수 기초 & 심화 문법

1

초등 기초 & 심화 문법
완성을 위한 3단계 구성

2

누적·반복 학습이 가능한
나선형 커리큘럼

3

쉽게 세분화된 문법 항목과
세심하게 조정된 난이도

4

유닛별 누적 리뷰 테스트와
파이널 테스트 2회분 수록

5

워크북과 단어쓰기
연습지로 완벽하게 복습

쎄듀

'나'에게 딱! 맞는 암기&문제모드만 골라서 학습!

5가지 암기모드

8가지 문제모드

 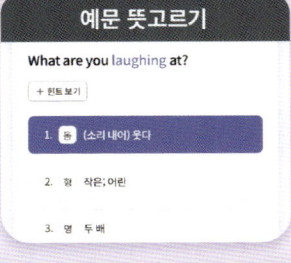 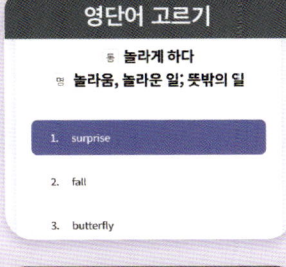 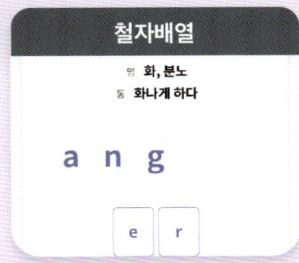

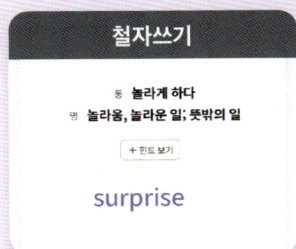  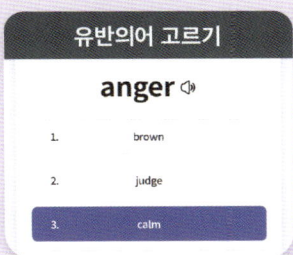 

➡ 암기모드를 선택하면, 최적의 문제 모드를 자동 추천!

 미암기 단어는 단어장에! 외워질 때까지 반복 학습 GO!

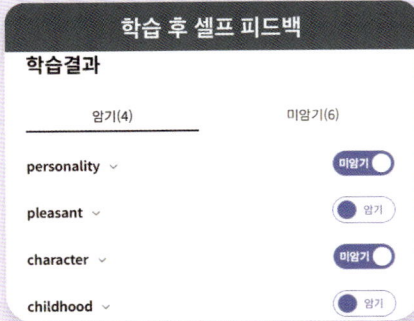 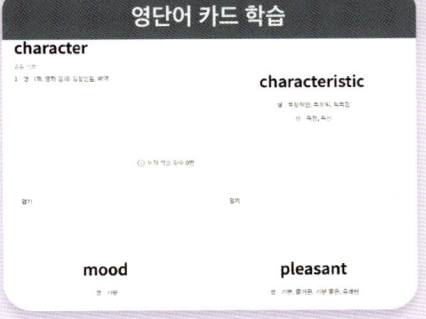 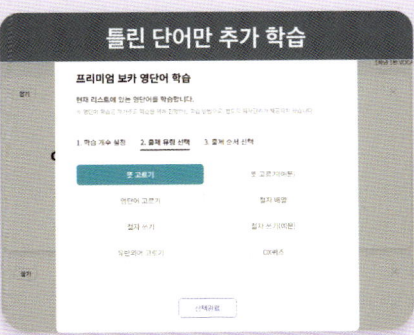

왓츠 리딩

What's Reading

WORKBOOK

왓츠 리딩

What's Reading

Words
50

• WORKBOOK •

One and Only Post Office

A 주어진 그림과 의미에 알맞은 표현을 빈칸에 채워 퍼즐을 완성하세요.

1 땅, 육지

2 역사

3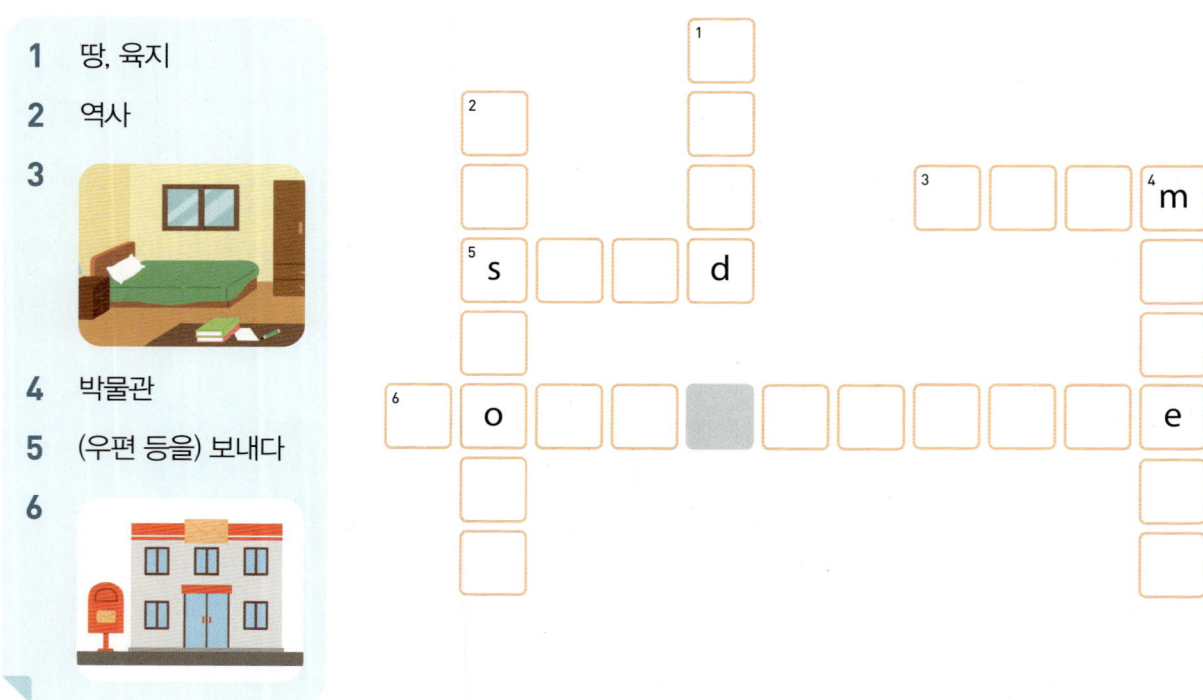

4 박물관

5 (우편 등을) 보내다

6

B 주어진 단어의 알맞은 우리말 뜻을 찾아 연결하세요.

1 lake   •

2 building •

3 learn   •

4 only   •

5 postcard •

    • 호수

    • 배우다

    • 단 하나의, 유일한

    • 엽서

    • 건물

C 다음 문장에서 동사를 찾아 ○표 하세요.

It (has) two rooms.
주어 동사

1 One is the office.
　주어

2 They send postcards.
　주어

3 Many people visit there.
　　　주어

4 It is not a building.
　주어

D 단어를 올바른 순서로 배열하여 문장을 완성하세요.

1 하지만 그것은 육지에 있지 않다.

| is | on land | it | not |

→ But _____ .

2 다른 하나는 작은 박물관이다.

| is | a small museum | the other |

→ _____ .

3 그들은 역사를 배우기도 한다.

| learn | they | the history |

→ _____ , too.

Museum Under the Sea

A 주어진 그림과 의미에 알맞은 표현을 빈칸에 채워 퍼즐을 완성하세요.

1 식물

2 만지다

3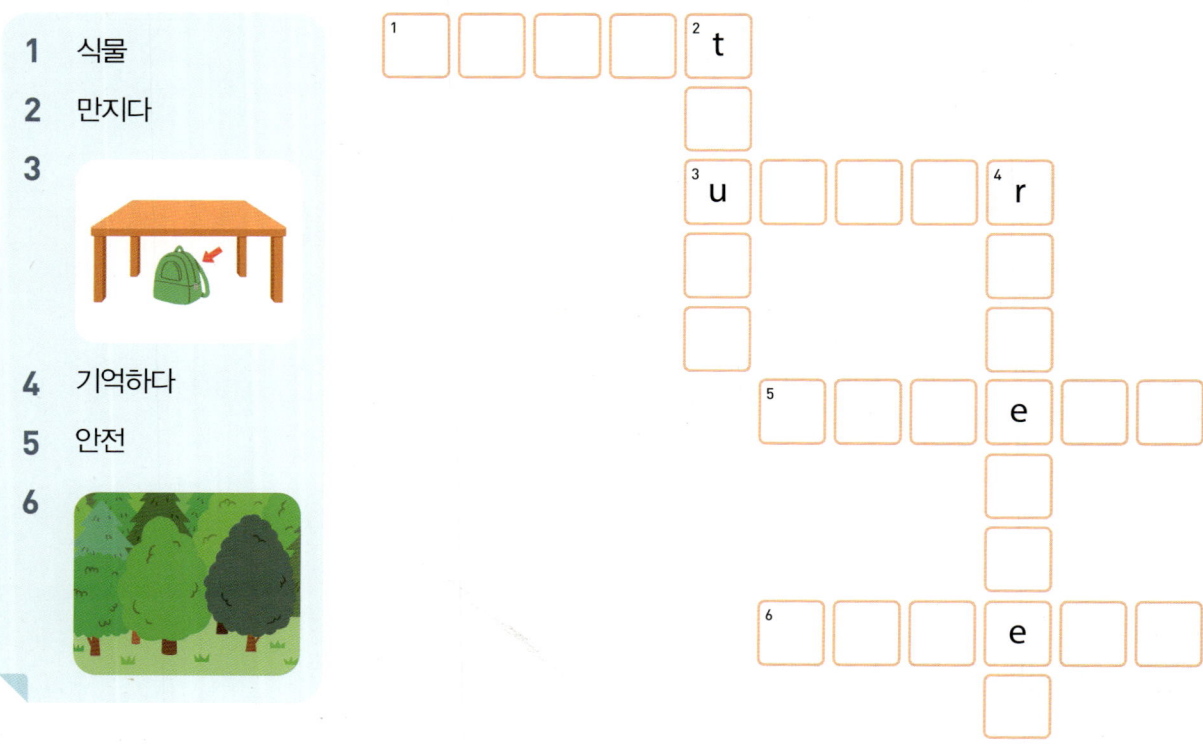

4 기억하다

5 안전

6

B 주어진 단어의 알맞은 우리말 뜻을 찾아 연결하세요.

1 follow •   • 따르다

2 deep •   • 미술품

3 rule •   • 깊이가 ~인

4 artwork •   • 조각품

5 sculpture •   • 규칙

C 다음 문장에서 동사를 찾아 ○표 하세요.

> 보기
>
> It (is) for the safety of others.
> 주어 동사

1 It is like an underwater forest.
　주어

2 This is a museum under the sea.
　주어

3 You can enjoy diving and artwork.
　주어

4 Second, you cannot take a boat in the museum.
　　　　주어

D 단어를 올바른 순서로 배열하여 문장을 완성하세요.

1 이 규칙들을 따르는 것을 기억해라.

| remember | these rules | to follow |

➔ _____ .

2 첫째, 너는 어떤 조각품도 만지면 안 된다.

| touch | any sculptures | cannot |

➔ First, you _____ .

3 그것들 안에 많은 물고기와 식물들이 있다.

| and | many fish | plants | there are |

➔ _____ in them.

Hot Sauna

A 주어진 그림과 의미에 알맞은 표현을 빈칸에 채워 퍼즐을 완성하세요.

1 돌

2 문화

3 부분

4 처음부터 다시

5

6

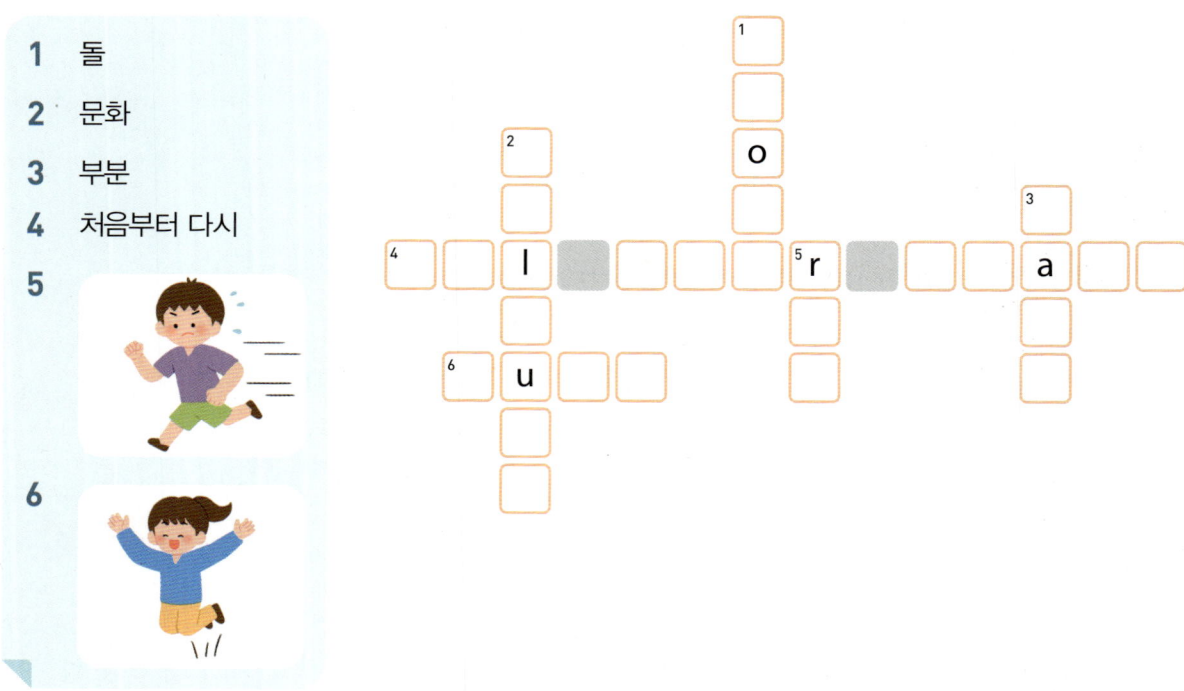

B 주어진 단어의 알맞은 우리말 뜻을 찾아 연결하세요.

1 put •   • 밖에, 바깥에

2 outside •   • 뜨거운, 더운

3 hot •   • 사우나

4 steam •   • 얹다, 넣다

5 sauna •   • 수증기, 김

C 다음 문장에서 동사를 찾아 ◯표 하세요.

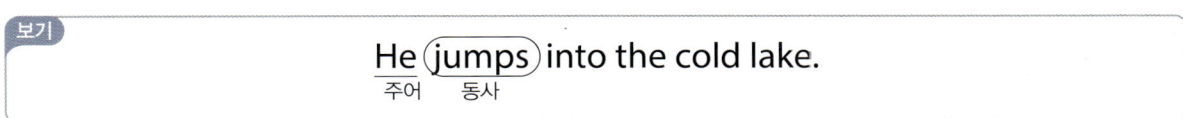

보기

He (jumps) into the cold lake.
주어   동사

1 This makes steam!
   주어

2 Saunas are a big part of his culture.
    주어

3 He loves to sit and put water on hot stones.
  주어

4 When Henri gets too hot, he loves to go outside. (동사 2개)
       주어   주어

D 단어를 올바른 순서로 배열하여 문장을 완성하세요.

1 Henri는 사우나를 방문하는 것을 매우 좋아한다.

| loves | saunas | Henri | to visit |

→ _____ .

2 그런 다음 그는 다시 사우나로 달려간다.

| to the sauna | runs back | he |

→ Then _____ .

3 그는 그것을 처음부터 다시 하는 것을 매우 좋아한다.

| to do | loves | it | he |

→ _____ all over again.

Unit 04 Sand Bed

A 주어진 그림과 의미에 알맞은 표현을 빈칸에 채워 퍼즐을 완성하세요.

1

2 특별한

3 모래

4

5 마른, 물기 없는

6 마을

B 주어진 단어의 알맞은 우리말 뜻을 찾아 연결하세요.

1 warm ·

2 comfortable ·

3 feel ·

4 come from ·

5 villager ·

· 편안한

· 따뜻한

· ~에서 나오다

· 마을 사람

· 1. 느끼다
  2. ~한 느낌이 들다

○ 정답과 해설 p.37

C 다음 문장에서 동사를 찾아 ○표 하세요.

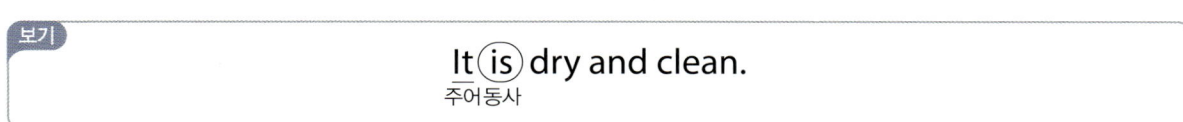

보기

It (is) dry and clean.
주어 동사

1 It feels cool on hot days.
    주어

2 The villagers have beds at home.
      주어

3 But they use special sand.
      주어

4 Some of the villagers sleep on sand in their homes.
      주어

D 단어를 올바른 순서로 배열하여 문장을 완성하세요.

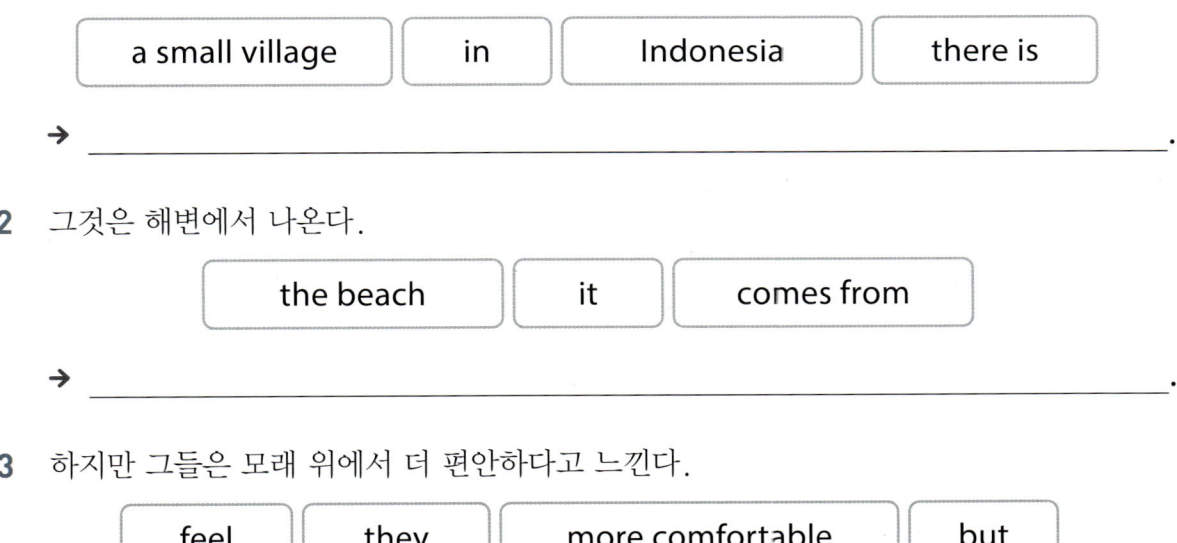

1 인도네시아에는 한 작은 마을이 있다.

| a small village | in | Indonesia | there is |

→ _____.

2 그것은 해변에서 나온다.

| the beach | it | comes from |

→ _____.

3 하지만 그들은 모래 위에서 더 편안하다고 느낀다.

| feel | they | more comfortable | but |

→ _____ on sand.

Farmer's Market

A 주어진 그림과 의미에 알맞은 표현을 빈칸에 채워 퍼즐을 완성하세요.

1 신선한

2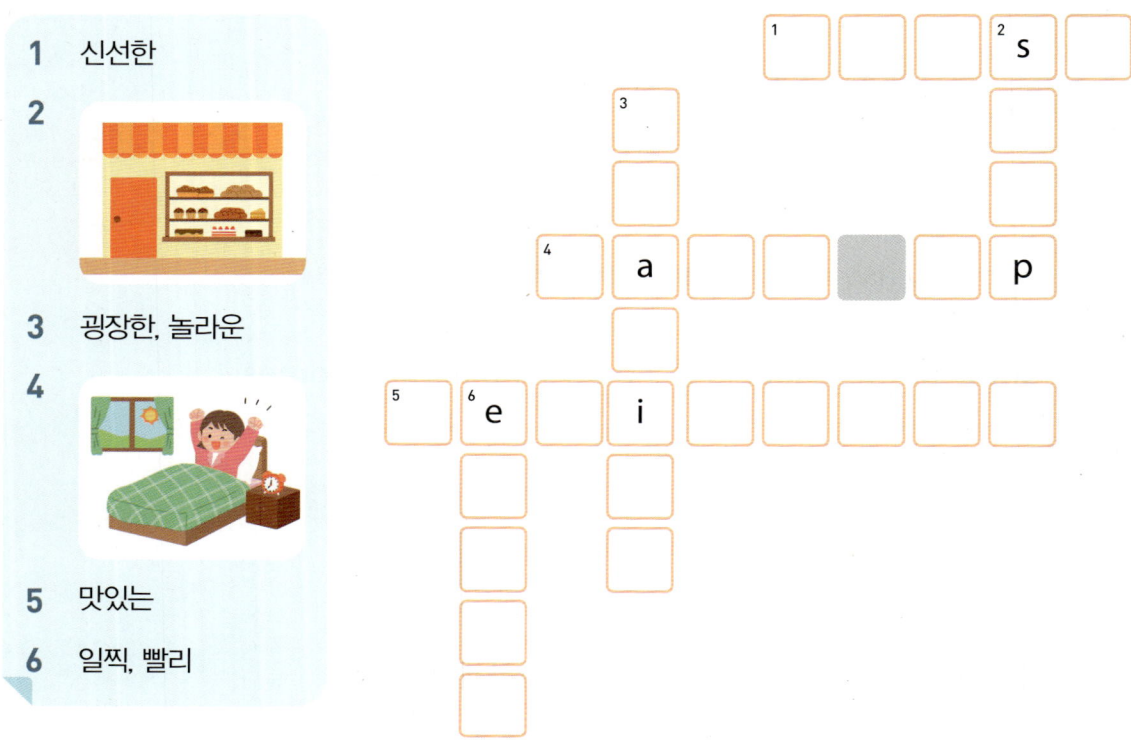

3 굉장한, 놀라운

4

5 맛있는

6 일찍, 빨리

B 주어진 단어의 알맞은 우리말 뜻을 찾아 연결하세요.

1 buy •   • 팔다

2 bakery •   • 빵집

3 sell •   • 농산물 시장

4 sweet •   • 사다

5 farmer's market •   • 달콤한, 단

C 다음 문장에서 동사를 찾아 〇표 하세요.

보기
Many people (love) our apples.
주어   동사

1 Her apple juice is amazing!
<u>   </u>
주어

2 His apple pies are so delicious!
<u>   </u>
주어

3 He buys apples for his bakery.
<u> </u>
주어

4 Dad and I go to the farmer's market.
<u>   </u>
주어

D 단어를 올바른 순서로 배열하여 문장을 완성하세요.

1 나는 오늘 일찍 일어난다.

| wake up | I | early |

➜ _____ today.

2 그녀는 자신의 가게를 위해 사과를 산다.

| apples | buys | for her shop | she |

➜ _____ .

3 그것들은 신선하고 달콤하다.

| fresh | they | and | are | sweet |

➜ _____ .

The Grand Bazaar

A 주어진 그림과 의미에 알맞은 표현을 빈칸에 채워 퍼즐을 완성하세요.

1 불, 화재

2 ~해지다, ~이 되다

3 도시

4 처음에는

5

6

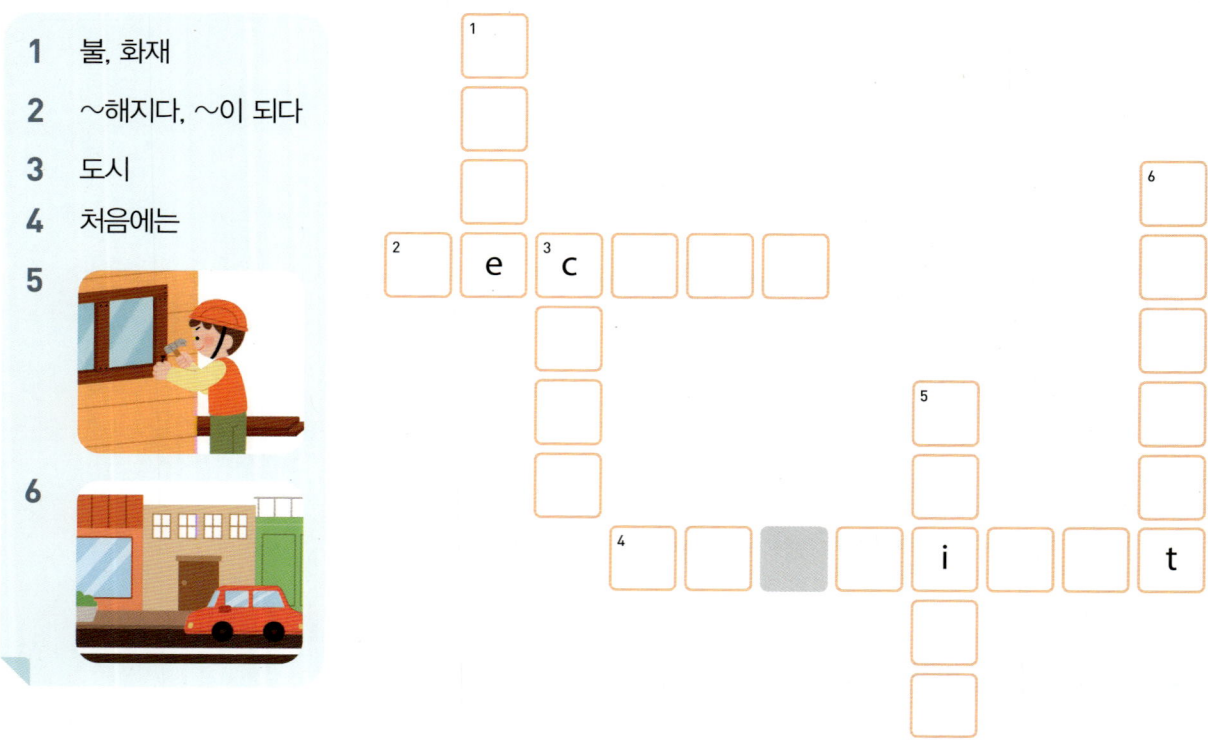

B 주어진 단어의 알맞은 우리말 뜻을 찾아 연결하세요.

1 enjoy •

2 again •

3 visit •

4 like •

5 bathhouse •

• ~와 같은

• 즐기다

• 목욕탕

• 다시

• 방문하다

C 다음 문장에서 동사를 찾아 ○표 하세요.

> 보기
>
> Now it (is) like a small city.
>   주어 동사

1 The market became bigger.
    주어

2 At first, the market was not big.
            주어

3 But after fires, people built it again.
          주어

4 Many people visit and enjoy the culture. (동사 2개)
    주어

D 단어를 올바른 순서로 배열하여 문장을 완성하세요.

1 Grand Bazaar는 튀르키예에 있는 큰 시장이다.

| a big market | is | Turkey | in |

→ The Grand Bazaar _____.

2 은행, 경찰서, 그리고 목욕탕도 있다.

| a police station, | and bathhouses | are | banks, |

→ There _____, too.

3 4,000개보다 많은 가게들이 있다.

| 4,000 shops | more | there are | than |

→ _____.

My Swimming Class

A 주어진 그림과 의미에 알맞은 표현을 빈칸에 채워 퍼즐을 완성하세요.

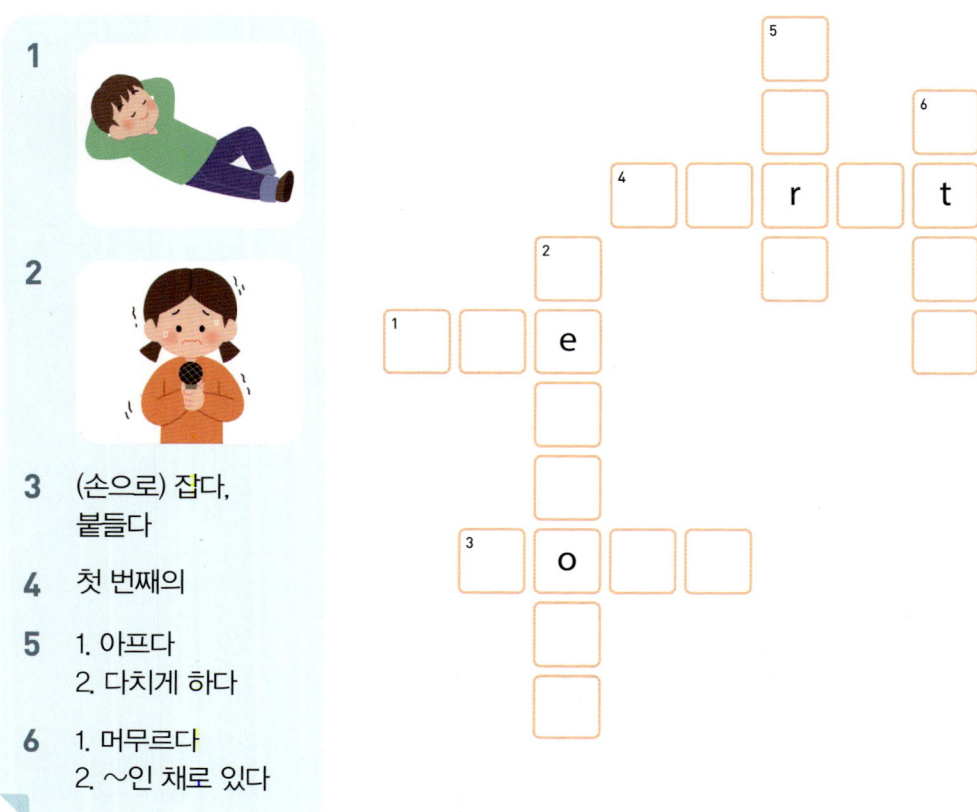

1

2

3 (손으로) 잡다, 붙들다

4 첫 번째의

5 1. 아프다
   2. 다치게 하다

6 1. 머무르다
   2. ~인 채로 있다

B 주어진 단어의 알맞은 우리말 뜻을 찾아 연결하세요.

1 stomach •   • 수영장

2 pool   •   • 전혀 ~ 않다

3 never   •   • 배

4 warm   •   • 나은, 더 좋은

5 better •   • 따뜻한

C 다음 문장에서 동사를 찾아 ◯표 하세요.

보기

I (feel) nervous.
주어 동사

1 The water feels warm.
　　　주어

2 Today is my first swimming day.
　　주어

3 The teacher holds me in the water.
　　　주어

4 After that day, my stomach never hurts again.
　　　　　　　　　주어

D 단어를 올바른 순서로 배열하여 문장을 완성하세요.

1 나는 수영장 밖에 머무른다.

| outside | stay | the pool | I |

→ _____ .

2 하지만 나는 수영장에 들어간다.

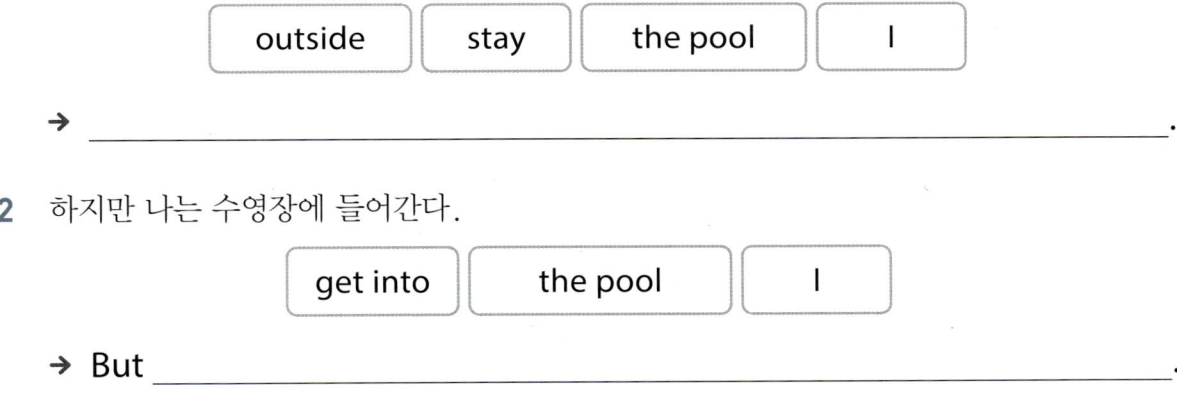

| get into | the pool | I |

→ But _____ .

3 내 배는 나아진 느낌이 든다.

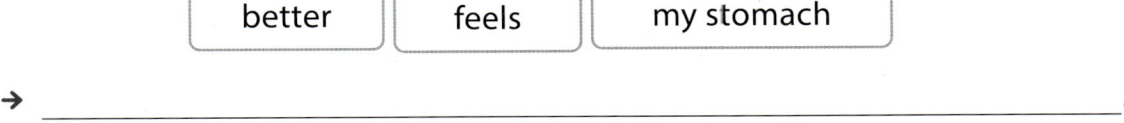

| better | feels | my stomach |

→ _____ .

A Player with No Arms

A 주어진 그림과 의미에 알맞은 표현을 빈칸에 채워 퍼즐을 완성하세요.

1 잃다
2 불가능한
3 연습하다
4 시작하다
5
6

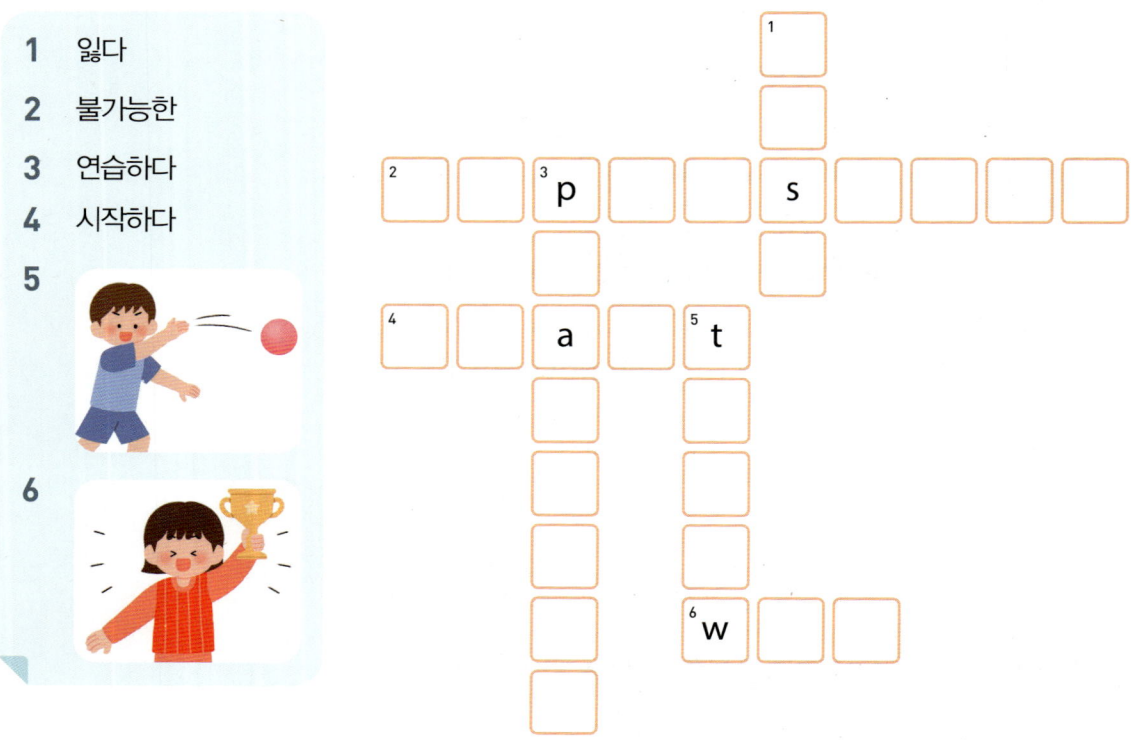

B 주어진 단어의 알맞은 우리말 뜻을 찾아 연결하세요.

1 still •

2 country •

3 play •

4 show •

5 nothing •

• 보여주다

• 경기하다

• 여전히, 아직도

• 아무것도
~ 아니다[없다]

• 나라, 국가

C 다음 문장에서 동사를 찾아 ○표 하세요.

보기

He (practiced) every day.
주어   동사

1 He plays in big games.
     주어

2 Ibrahim lost his arms when he was 10. (동사 2개)
     주어   주어

3 He shows that nothing is impossible. (동사 2개)
   주어   주어

4 Then he threw the ball with his foot and played. (동사 2개)
       주어

D 단어를 올바른 순서로 배열하여 문장을 완성하세요.

1 하지만 그는 탁구를 시작했다.

| table tennis | but | started | he |

→ _____ .

2 그는 탁구 라켓을 입 안에 넣었다.   *paddle 탁구 라켓 ((공을 치는 기구))

| his mouth | the paddle | he | put | in |

→ _____ .

3 그는 이기기 위해 여전히 열심히 연습한다.

| to win | he | hard | still practices |

→ _____ .

Different Doors, Different Owners

A 주어진 그림과 의미에 알맞은 표현을 빈칸에 채워 퍼즐을 완성하세요.

1 문
2 주인
3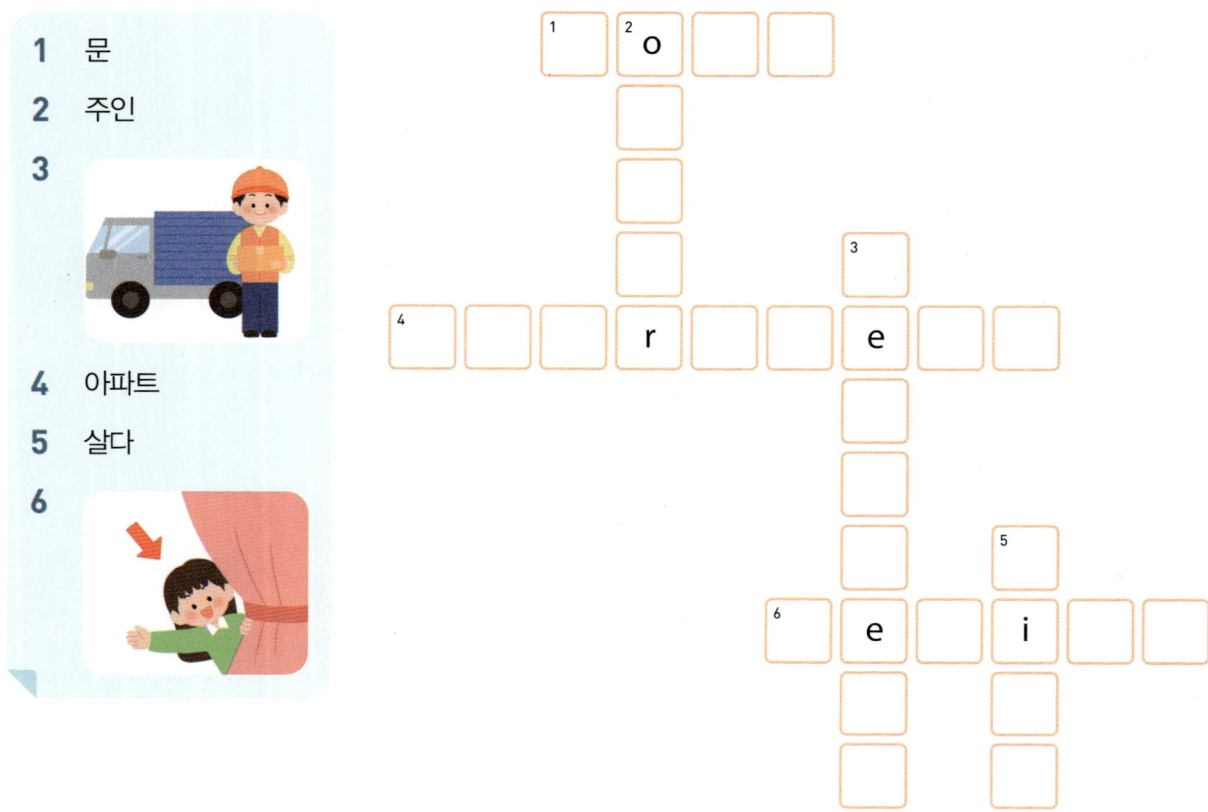
4 아파트
5 살다
6

B 주어진 단어의 알맞은 우리말 뜻을 찾아 연결하세요.

1 another •

2 different •

3 story •

4 bike •

5 bag •

• 다른, 다양한

• 자전거

• 또 하나의

• 1. 봉투, 봉지
  2. 가방

• 이야기

C 다음 문장에서 동사를 찾아 ○표 하세요.

보기

That (is) me!
　주어　동사

1 I live in an apartment building.
　　주어

2 That is for his dog Leo.
　　　주어

3 Mr. Smith lives behind this door.
　　　　주어

4 Every door tells a story about the home owner.
　　　　주어

D 단어를 올바른 순서로 배열하여 문장을 완성하세요.

1 그것에는 또 하나의 문이 있다.

| another | on it | there is | door |

→ _____ .

2 그것은 그녀의 음식 배달이다.

| her | that | food delivery | is |

→ _____ .

3 문 뒤에는 누가 살까?

| behind | lives | who | the door |

→ _____ ?

Unit 10

Vera's New Coat

A 주어진 그림과 의미에 알맞은 표현을 빈칸에 채워 퍼즐을 완성하세요.

1 이웃

2

3 필요하다

4 주다

5 자르다, 잘라내다

6

B 주어진 단어의 알맞은 우리말 뜻을 찾아 연결하세요.

1 work •

2 girl •

3 save •

4 true •

5 clothes •

• 1. 딸
  2. 여자아이

• (돈을) 모으다,
  저축하다

• 옷

• 일하다

• 1. 진정한
  2. 사실인

정답과 해설 p.40

C 다음 문장에서 동사를 찾아 ○표 하세요.

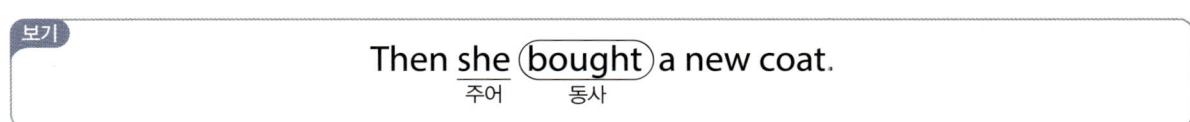

보기

Then she (bought) a new coat.
주어   동사

1 The family had three little girls.
     주어

2 One day, a family lost their house in a fire.
       주어

3 Vera worked and saved money. (동사 2개)
   주어

4 When Vera heard about her neighbors, she cut her new coat. (동사 2개)
     주어   주어

D 단어를 올바른 순서로 배열하여 문장을 완성하세요.

1 그들은 음식과 옷이 필요했다.

| clothes | they | food | needed | and |

➔ _____ .

2 그녀는 그 딸들을 위한 세 벌의 코트를 만들었다.

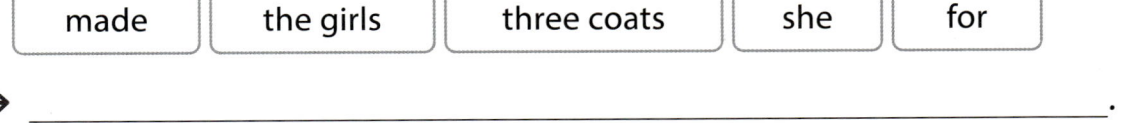

| made | the girls | three coats | she | for |

➔ _____ .

3 그녀는 그 가족에게 음식도 주었다.

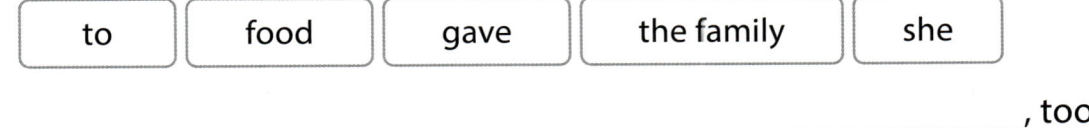

| to | food | gave | the family | she |

➔ _____ , too.

Ella's Hello

A 우리말에 알맞은 표현을 가로, 세로 빈칸에 채워 퍼즐을 완성하세요.

1 (코끼리의) 코

2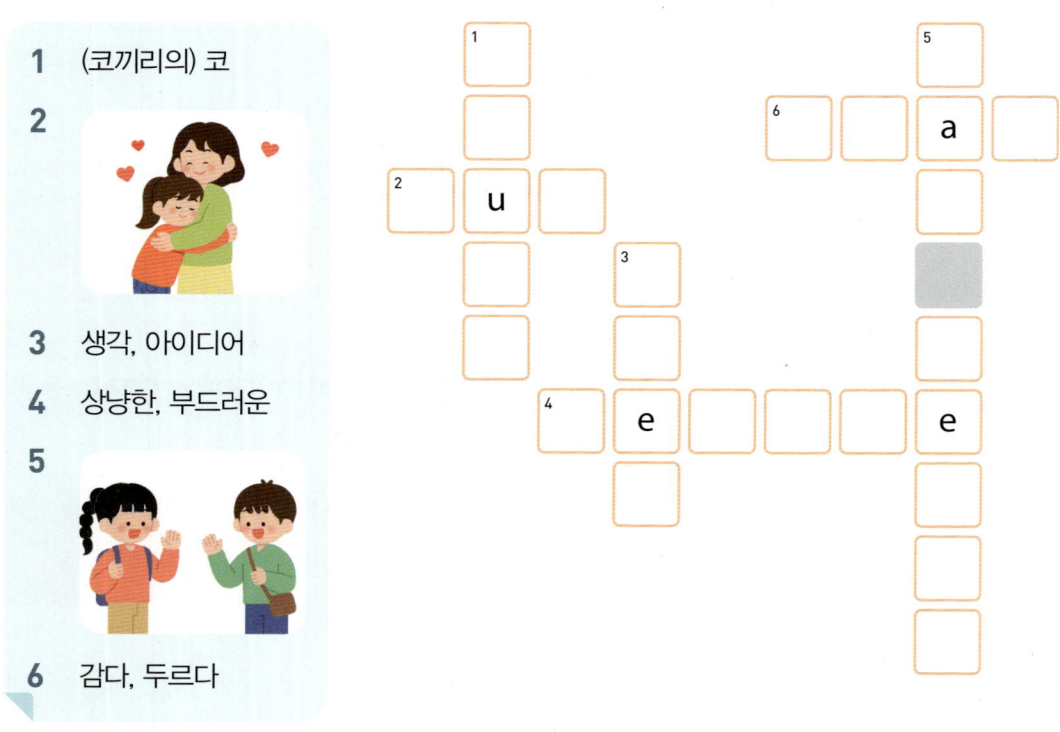

3 생각, 아이디어

4 상냥한, 부드러운

5

6 감다, 두르다

B 주어진 단어의 알맞은 우리말 뜻을 찾아 연결하세요.

1 great •

2 tail •

3 around •

4 slowly •

5 watch •

• 꼬리

• ~ 주위에, 주변에

• 아주 좋은

• 보다, 지켜보다

• 천천히

C 다음 문장에서 동사를 찾아 ○표 하세요.

보기

She <u>goes</u> to her dad.

주어   동사

1 Soon <u>Ella</u> has a great idea.

주어

2 <u>Ella, the Elephant,</u> watches other animals say hello.

주어

3 <u>She</u> slowly wraps her trunk around his trunk.

주어

4 But <u>elephants</u> can't hug, kiss, or wrap their tails. (동사 3개)

주어

D 단어를 올바른 순서로 배열하여 문장을 완성하세요.

1 나는 원숭이들이 껴안는 것을 본다.

| monkeys | hug | see | I |

→ _____.

2 나도 인사를 하고 싶다.

| want | I | to say hello |

→ _____, too.

3 그것은 따뜻하고 상냥한 인사다.

| hello | and | warm | gentle |

→ It's a _____.

A 주어진 그림과 의미에 알맞은 표현을 빈칸에 채워 퍼즐을 완성하세요.

1 하다
2 접다
3 위험
4 의미하다
5
6

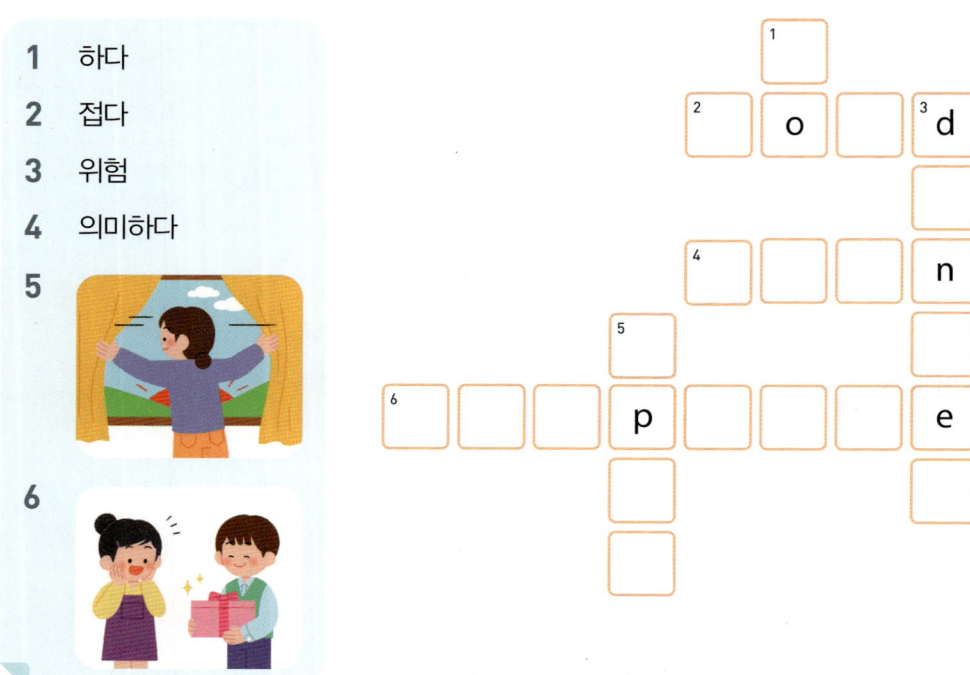

B 주어진 단어의 알맞은 우리말 뜻을 찾아 연결하세요.

1 large   •   • 메시지

2 message   •   • 큰, 거대한

3 wide   •   • 움직이다

4 move   •   • 다른

5 other   •   • 활짝

정답과 해설 p.41

C 다음 문장에서 동사를 찾아 ○표 하세요.

> 보기
>
> Elephants (have) large ears.
> 주어   동사

1 It means danger.
　　주어

2 They can do many things with their ears.
　　주어

3 They brush their ears against other elephants.
　　주어

4 Elephants move their ears and lose body heat. (동사 2개)
　　주어

D 단어를 올바른 순서로 배열하여 문장을 완성하세요.

1 그래서 그들은 더 시원해진다.

| become | so | cooler | they |

→ _____.

2 코끼리는 그들의 귀로 메시지를 보내기도 한다.

| with their ears | send | elephants | messages |

→ _____, too.

3 그들은 그들의 귀를 활짝 펼친다.

| open | they | wide | their ears |

→ _____.

Belugas

A 주어진 그림과 의미에 알맞은 표현을 빈칸에 채워 퍼즐을 완성하세요.

1 떠나다

2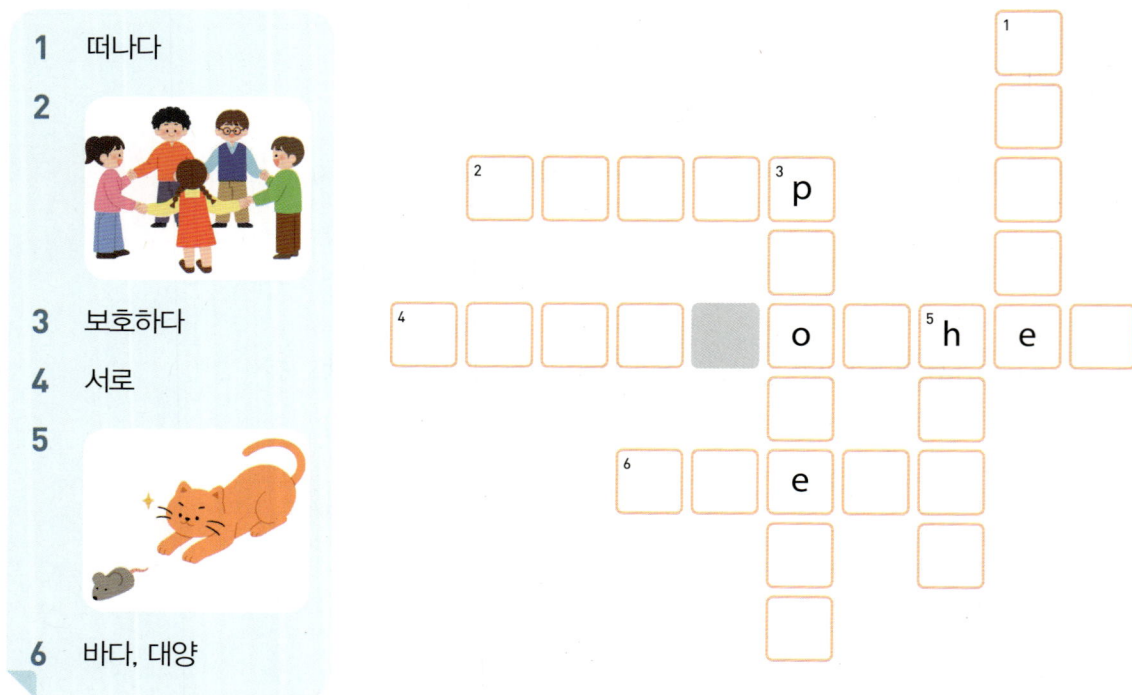

3 보호하다

4 서로

5

6 바다, 대양

B 주어진 단어의 알맞은 우리말 뜻을 찾아 연결하세요.

1 waters   •

2 together   •

3 cold   •

4 get   •

5 be in danger   •

• 차가운

• 위험에 처하다

• (호수·강·바다의) 물

• (~한 상태가) 되다

• 함께

C 다음 문장에서 동사를 찾아 ○표 하세요.

> **보기**
>
> They (are) more in danger.
> 주어   동사

1 They can't protect each other.
　　주어

2 Many belugas leave their groups for colder waters.
　　　주어

3 They hunt together and protect each other. (동사 2개)
　　주어

4 But now the groups are getting smaller.
　　　　　주어

D 단어를 올바른 순서로 배열하여 문장을 완성하세요.

1 그들은 큰 무리를 지어 산다.

| live | in large groups | they |

→ _____ .

2 바다는 더 따뜻해지고 있다.

| warmer | getting | the oceans | are |

→ _____ .

3 그들은 무리가 더 작아지면 사냥할 수 없다.

| get | the groups | smaller | when |

→ _____ , they can't hunt.

Time to Act

A 주어진 그림과 의미에 알맞은 표현을 빈칸에 채워 퍼즐을 완성하세요.

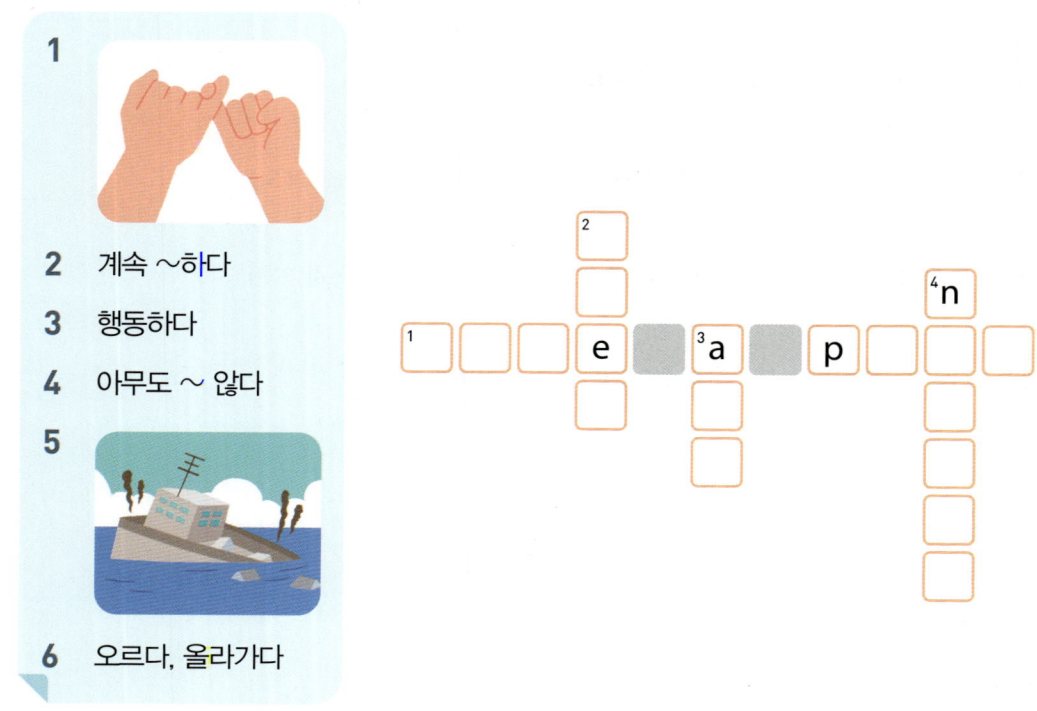

1
2 계속 ~하다
3 행동하다
4 아무도 ~ 않다
5
6 오르다, 올라가다

B 주어진 단어의 알맞은 우리말 뜻을 찾아 연결하세요.

1 Australia •

2 happy •

3 stay •

4 must •

5 may •

• 1. 만족스러운
  2. 행복한

• (반드시) ~해야
  한다

• 지내다, 머무르다

• ~일지도 모른다

• 호주

◐ 정답과 해설 p.42

C 다음 문장에서 동사를 찾아 ○표 하세요.

보기
Australia will help.
주어   동사

1 Tuvalu may sink into the ocean.
　　주어

2 But some people are not happy.
　　　　　주어

3 They can live, work, and study. (동사 3개)
　　주어

4 They say, "Nobody should leave their home." (동사 2개)
　　주어　　　　　주어

D 단어를 올바른 순서로 배열하여 문장을 완성하세요.

1 해수면이 계속 오르고 있다.

| rising | sea levels | keep |

→ _____.

2 투발루 사람들은 호주에 머물 수 있다.

| people | stay | can | from Tuvalu |

→ _____ in Australia.

3 우리는 지구를 보호해야 한다.

| protect | must | the Earth | we |

→ _____.

No Worries!

A 주어진 그림과 의미에 알맞은 표현을 빈칸에 채워 퍼즐을 완성하세요.

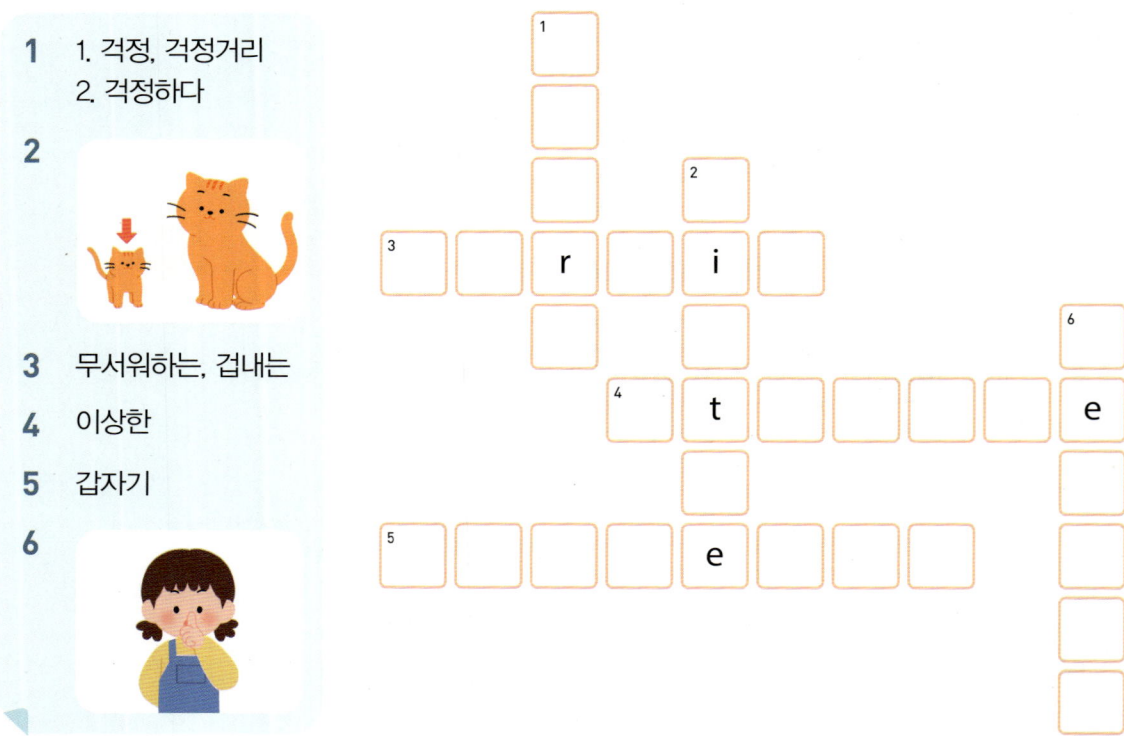

1. 1. 걱정, 걱정거리
   2. 걱정하다
2.
3. 무서워하는, 겁내는
4. 이상한
5. 갑자기
6.

B 주어진 단어의 알맞은 우리말 뜻을 찾아 연결하세요.

1 happen •　　　　　　　• 시작하다

2 soon •　　　　　　　• 자라다

3 start •　　　　　　　• 일어나다, 발생하다

4 something •　　　　　　　• 무언가, 어떤 일

5 grow •　　　　　　　• 곧

◯ 정답과 해설 p.42

C 다음 문장에서 동사를 찾아 ○표 하세요.

> 보기
>
> He (felt) afraid.
> 주어 동사

1 Liam had a little secret.
　　 주어

2 But he didn't worry much.
　　　 주어

3 It got bigger and bigger, and Liam started to worry. (동사 2개)
　　 주어　　　　　　　　　　　　 주어

4 When he didn't talk about it, the worry started to grow. (동사 2개)
　　　 주어　　　　　　　　　　 주어

D 단어를 올바른 순서로 배열하여 문장을 완성하세요.

1 그는 작은 걱정거리가 있었다.

| a small worry | he | had |

→ _____ .

2 곧, 무언가 이상한 일이 일어났다.

| something | happened | strange |

→ Soon, _____ .

3 갑자기, 그 걱정은 점점 더 작아졌다.

| smaller | the worry | got | and | smaller |

→ Suddenly, _____ .

Unit 15　**31**

Bye Bye, Stress!

A 주어진 그림과 의미에 알맞은 표현을 빈칸에 채워 퍼즐을 완성하세요.

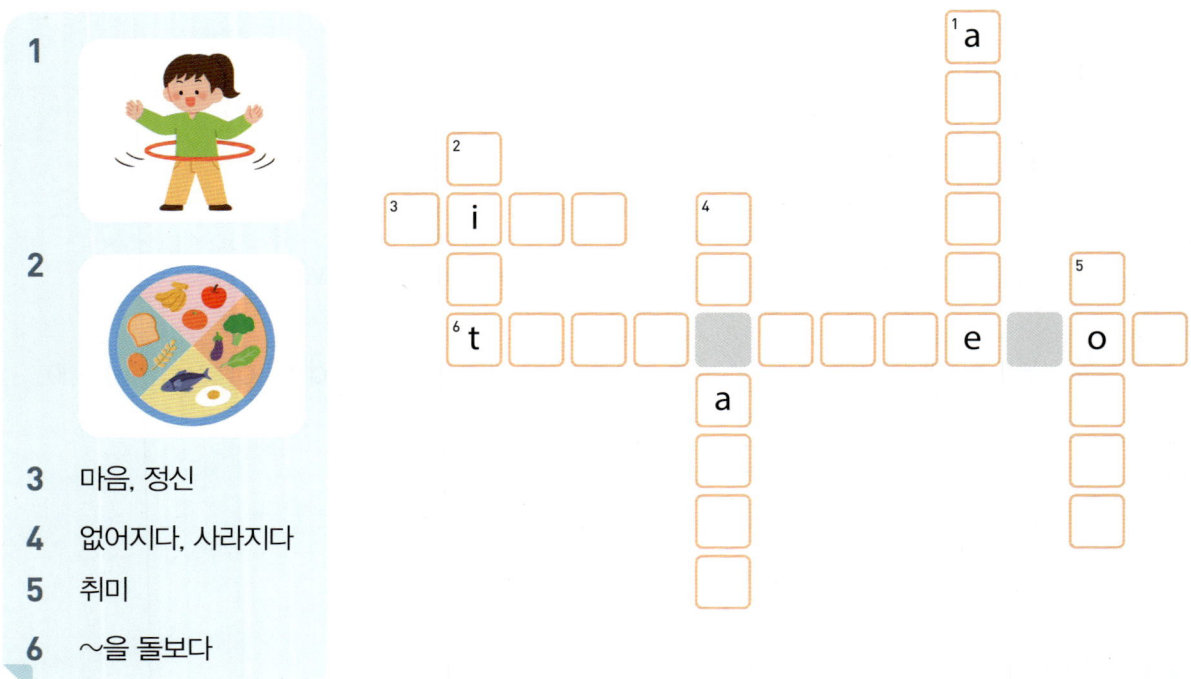

1
2
3 마음, 정신
4 없어지다, 사라지다
5 취미
6 ~을 돌보다

B 주어진 단어의 알맞은 우리말 뜻을 찾아 연결하세요.

1 diary   •   •   네 자신

2 easily   •   •   기분

3 mood   •   •   일기

4 yourself   •   •   쉽게

5 healthy   •   •   건강에 좋은

정답과 해설 p.43

C 다음 문장에서 동사를 찾아 ○표 하세요.

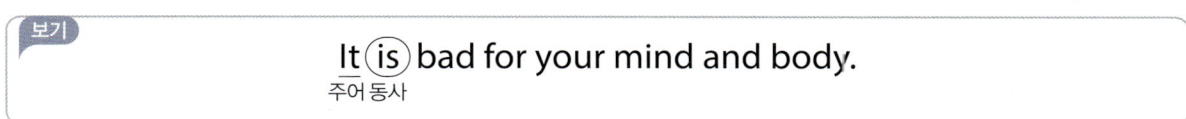

> 보기
>
> It (is) bad for your mind and body.
> 주어 동사

1 Try yogurt or dark chocolate.

2 Some foods make your mood better.
　　주어

3 Stress doesn't go away easily.
　　주어

4 You can take a walk or play sports. (동사 2개)
　　주어

D 단어를 올바른 순서로 배열하여 문장을 완성하세요.

1 그래서 너는 네 자신을 돌봐야 한다.

| should | take care of | you | yourself |

→ So _____.

2 먼저, 건강한 식사를 먹어라.

| diet | a healthy | first, | eat |

→ _____.

3 너는 스포츠 팬이 아닌가?

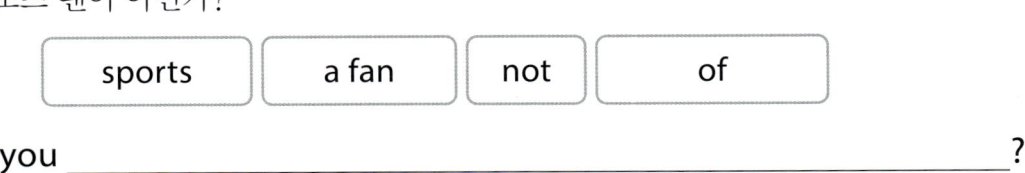

| sports | a fan | not | of |

→ Are you _____?

MEMO

MEMO

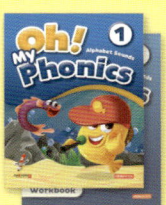 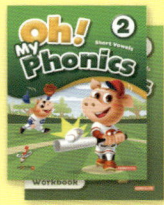
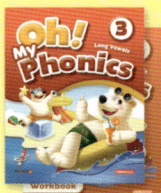 

 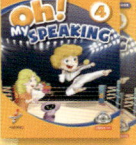

LISTENING Q

중학영어듣기 모의고사 시리즈

1 최신 기출을 분석한 유형별 공략

· 최근 출제되는 모든 유형별 문제 풀이 방법 제시
· 오답 함정과 정답 근거를 통해 문제 분석
· 꼭 알아두어야 할 주요 어휘와 표현 정리

2 실전모의고사로 문제 풀이 감각 익히기

실전 모의고사 20회로 듣기 기본기를 다지고,
고난도 모의고사 4회로 최종 실력 점검까지!

3 매 회 제공되는 받아쓰기 훈련[딕테이션]

· 문제풀이에 중요한 단서가 되는
  핵심 어휘와 표현을 받아 적으면서 듣기 훈련!
· 듣기 발음 중 헷갈리는 발음에 대한 '리스닝 팁' 제공
· 교육부에서 지정한 '의사소통 기능 표현' 정리

1 배속 선택 옵션

2 전체 문항 듣기

3 문항 하나씩 듣기

**무료 제공 MP3와 QR코드로
효율적인 듣기 학습!**

쎄듀북닷컴(www.cedubook.com)에서 부가 자료를 무료로 다운로드할 수 있습니다.

쎄듀

THE EASIEST GRAMMAR&USAGE

EGU 시리즈 소개

EGU 서술형 기초 세우기

영단어&품사

서술형·문법의 기초가 되는
영단어와 품사 결합 학습

문장 형식

기본 동사 32개를 활용한
문장 형식별 학습

동사 써먹기

기본 동사 24개를 활용한
확장식 문장 쓰기 연습

EGU 서술형·문법 다지기

문법 써먹기

개정 교육 과정
중1 서술형·문법 완성

구문 써먹기

개정 교육 과정
중2, 중3 서술형·문법 완성

쎄듀북닷컴(www.cedubook.com)에서 부가 자료를 무료로 다운로드할 수 있습니다.

쎄듀

왓츠 리딩
What's Reading

정답과 해설

왓츠 리딩
What's Reading

Words
50

· 정답과 해설 ·

01 One and Only Post Office

p.09 **Look UP**	**A** 1 post office	2 room		
	B 1 land	2 send	3 history	
p.11 **Check UP**	1 ②	2 (a) ○ (b) ×	3 ②	
	4 **a** museum	**b** visit		
p.12 **Build UP**	**a** a lake	**b** a building	**c** two	**d** museum
p.12 **Sum UP**	**a** boat	**b** visit	**c** postcards	**d** learn

Check UP

1 일반 우체국과 달리, 배로 이루어진 인도의 한 우체국에 대한 내용이므로 정답은 ②이다.

2 (a) 인도의 한 우체국은 육지가 아니라 호수 위에 있다고(But it's not on land. It's on a lake.) 했으므로 글의 내용과 맞다.

(b) 우체국에는 사무실과 박물관 둘 다 있다고(One is the office. The other is a small museum.) 했으므로 글의 내용과 틀리다.

3 우체국은 건물이 아니라 배이며(It's not a building. It's a boat!), 그곳에는 방이 두 개가 있다고(It has two rooms.) 했다. 우체국 이름에 대한 내용은 글에 없으므로 정답은 ②이다.

Build UP

인도에 있는 그 우체국은

- **a** (육지 / 호수) 위에 있다.
- **b** (건물 / 배)이(가) 아니다.
- **c** (두 개의 / 세 개의) 방이 있다.
- 작은 **d** (역사 / 박물관)이 있다.

Sum UP

보기
배우다   배   엽서   방문하다

인도에는 한 우체국이 있다. 그것은 호수 위에 있고, **a** 배이다. 작은 박물관이 있기 때문에 많은 사람들이 그 우체국을 **b** 방문한다. 그들은 **c** 엽서를 보내고 역사를 **d** 배울 수도 있다.

One and Only Post Office
단 하나뿐인 우체국

1. There's a post office.
   한 우체국이 있다.

2. It's in India.
   그것은 인도에 있다.

3. But it's not on land.
   하지만 그것은 육지 위에 있지 않다.

4. It's on a lake.
   그것은 호수 위에 있다.

5. It's not a building.
   그것은 건물이 아니다.

6. It's a boat!
   그것은 배다!

7. It has two rooms.
   그것은 두 개의 방이 있다.

8. One is the office.
   하나는 사무실이다.

9. The other is a small museum.
   다른 하나는 작은 박물관이다.

10. Many people visit there.
    많은 사람들은 그곳을 방문한다.

11. They send postcards.
    그들은 엽서들을 보낸다.

12. They learn the history, too.
    그들은 역사를 배우기도 한다.

주요 어휘

only	단 하나의, 유일한
post office	우체국
India	인도
land	땅, 육지
lake	호수
building	건물
boat	배, 보트
room	방
office	사무실
museum	박물관
visit	방문하다
send	(우편 등을) 보내다
postcard	엽서
learn	배우다
history	역사

우리말 해석

단 하나뿐인 우체국
한 으체국이 있어요. 그것은 인도에 있어요. 하지만 그것은 육지 위에 있지 않아요. 그것은 호수 위에 있어요. 그것은 건물이 아니에요. 그것은 배랍니다!

그곳에는 방이 두 개 있어요. 하나는 사무실이에요. 다른 하나는 작은 박물관이에요. 많은 사람들은 그곳을 방문해요. 그들은 엽서를 보내요. 그들은 역사를 배우기도 해요.

● 주요 문장 확인하기

1. **There's** a post office.
   → 〈There is+단수명사〉는 '~가 있다'라는 의미이다.

2. It's **in** India.
   → 나라와 같이 큰 장소를 나타내는 말 앞에는 전치사 in을 쓴다.

p.13	Look UP	**A** 1 forest	2 under		
		B 1 remember	2 touch	3 plant	
p.15	Check UP	1 ①	2 ②	3 ⓐ under	ⓑ follow
p.15	Check the Pattern	1 만지면 안 된다	2 배를 타면 안 된다		
p.16	Pattern UP	1 can't talk	2 can't open		
		3 can't go out	4 can't bring		
p.16	Sum UP	ⓐ forest	ⓑ deep	ⓒ plants	ⓓ safety

Check UP

1 바다 아래에 있는 박물관의 특징과 그곳에서 지켜야 하는 규칙에 대해 안내하는 글이므로 정답은 ①이다.

2 박물관의 규칙 중 하나로 어떤 조각품도 만질 수 없다고(First, you can't touch any sculptures.) 했으므로 글을 잘못 이해한 사람은 정민이다.

Sum UP

보기				
	식물	안전	깊이가 ~인	숲

MUSAN은 물속의 ⓐ 숲과 같다. 그것은 ⓑ 깊이가 8에서 10미터이다. 너는 잠수와 미술품을 즐길 수 있다. 박물관 안에서 너는 아무것도 만질 수 없다. 많은 물고기와 ⓒ 식물이 조각품 안에 있다. 또한, 너는 ⓓ 안전을 위해 배를 탈 수 없다.

● 지문 살펴보기

Museum Under the Sea
바다 아래의 박물관

① Welcome to MUSAN.
　MUSAN에 온 것을 환영한다.

② This is a museum / under the sea.
　이곳은 박물관이다　/　바다 아래에 있는.

③ It's like an underwater forest.
　그것은 물속의 숲과 같다.

④ It's 8 to 10 meters deep.
　그것은 깊이가 8에서 10미터이다.

주요 어휘

under	~ 아래에
underwater	물속의
sea	바다
Welcome to ~.	~에 온 것을 환영합니다.
like	~와 같은
forest	숲
deep	깊이가 ~인
diving	잠수
artwork	미술품
remember	기억하다
follow	따르다

⑤ You can enjoy diving / and artwork.
　　너는 잠수를 즐길 수 있다　/ 그리고 미술품을.

⑥ Remember / to follow these rules.
　　기억해라　/　이 규칙들을 따르는 것을.

⑦ First, / you can't touch / any sculptures.
　　첫째,　/　너는 만지면 안 된다　/　어떤 조각품도.

⑧ There are many fish and plants / in them.
　　많은 물고기와 식물들이 있다　/　그것들 안에.

⑨ Second, / you can't take a boat / in the museum.
　　둘째,　/　너는 배를 타면 안 된다　/　박물관 안에서.

⑩ It's for the safety / of others.
　　그것은 안전을 위한 것이다 / 다른 사람들의.

rule	규칙
touch	만지다
sculpture	조각품
plant	식물
safety	안전
others	다른 사람들

우리말 해석

바다 아래의 박물관
MUSAN에 오신 것을 환영합니다. 이곳은 바다 아래의 박물관입니다. 그것은 물속의 숲과 같습니다. 그것은 8에서 10 미터 깊이에 있습니다. 여러분은 잠수와 미술품을 즐길 수 있습니다.

이 규칙들을 지키는 것을 기억하세요. 첫째, 여러분은 어떤 조각품도 만지면 안 됩니다. 그것들 안에 많은 물고기와 식물이 있습니다. 둘째, 여러분은 박물관 내에서 배를 타면 안 됩니다. 그것은 다른 사람들의 안전을 위한 것입니다.

● 주요 문장 확인하기

② This is *a museum* [under the sea].
　➡ under the sea는 앞에 있는 a museum을 꾸며 준다.

④ It's 8 **to** 10 meters deep.
　➡ to는 '〜에서, 〜으로'라는 의미로 시간이나 범위의 끝을 나타낸다.

⑥ Remember **to follow** these rules.
　➡ to follow는 '따르는 것'이라는 의미이다.

⑩ It's for *the safety* [of others].
　➡ of others는 the safety를 뒤에서 꾸며 준다.

Wrap Up | Unit 01-02 　　　　pp.17 – 18

A 1 room - 방　　2 post office - 우체국　　3 under - ~ 아래에
B 1 history　　2 safety　　3 land　　4 forest
C 1 museum　　2 under　　3 touch　　4 plants
D 1 send　　2 follow　　3 has　　4 enjoy

03 Hot Sauna

p.19	Look UP	A	1 jump	2 run	
		B	1 stone	2 culture	3 part
p.21	Check UP	1 ③	2 (a) ○ (b) ×	3 ⓐ outside ⓑ lake	
p.21	Check the Pattern	1 방문하는 것을 매우 좋아한다	2 나가는 것을 매우 좋아한다		
p.22	Pattern UP	1 loves to travel	2 loves to play		
		3 loves to listen	4 loves to eat		
p.22	Sum UP	ⓐ put	ⓑ stones	ⓒ jump	ⓓ run

Check UP

1 Henri가 사우나를 어떻게 즐기는지에 대한 이야기이므로 정답은 ③이다.

2 (a) 사우나는 Henri의 문화에서 큰 부분이라고(Saunas are a big part of his culture.) 했으므로 글의 내용과 맞다.

(b) Henri는 너무 더워지면 밖으로 나가는 것을 좋아한다고(When Henri gets too hot, he loves to go outside.) 했으므로 글의 내용과 틀리다.

Sum UP

보기				
	돌	달리다	뛰다	얹다

사우나는 내 문화의 큰 부분이다. 사우나 안에서, 나는 뜨거운 ⓑ 돌에 물을 ⓐ 얹고 수증기를 만든다. 안이 더워지면, 나는 밖으로 나가 차가운 호수 안에 ⓒ 뛰어든다. 그다음 나는 다시 사우나로 ⓓ 달려간다.

● 지문 살펴보기

Hot Sauna
뜨거운 사우나

① Henri loves / to visit saunas.
　Henri는 매우 좋아한다 / 사우나를 방문하는 것을.

② Saunas are a big part / of his culture.
　사우나는 큰 부분이다 　/ 　그의 문화의.

③ He loves / to sit and put water / on hot stones.
　그는 매우 좋아한다 / 앉고 물을 얹는 것을 / 뜨거운 돌에.

주요 어휘

hot	뜨거운, 더운
sauna	사우나
part	부분
part of	~의 부분
culture	문화
put	얹다, 넣다
stone	돌

4 This makes steam!
이것은 수증기를 만든다!

5 When Henri gets too hot, // he loves /
　　Henri는 너무 더워지면, 　　　// 그는 매우 좋아한다 /

to go outside.
밖에 나가는 것을.

6 He jumps / into the cold lake.
　　그는 뛴다 / 　차가운 호수 안으로.

7 Then he runs / back to the sauna.
　그런 다음 그는 달려간다 / 　다시 사우나로.

8 He loves / to do it / all over again.
　그는 매우 좋아한다 / 그것을 하는 것을 / 처음부터 다시.

steam	수증기, 김
outside	밖에, 바깥에
jump	뛰다, 점프하다
jump into	~에 뛰어들다
run	달리다
all over again	처음부터 다시

우리말 해석

뜨거운 사우나

Henri는 사우나를 방문하는 것을 매우 좋아해요. 사우나는 그의 문화의 큰 부분이에요. 그는 앉아서 뜨거운 돌에 물을 끼얹는 것을 매우 좋아해요. 이것은 수증기를 만들어요!

Henri는 너무 더워지면 밖에 나가는 것을 매우 좋아해요. 그는 차가운 호수에 뛰어들어요. 그런 다음 그는 사우나로 달려 돌아가요. 그는 그것을 처음부터 다시 하는 것을 매우 좋아해요.

● **주요 문장 확인하기**

2 Saunas are *a big part* [of his culture].
　　　주어　　동사　　　　보어
→ of his culture는 뒤에서 a big part를 꾸며 준다.

3 He loves to sit **and** (to) put water on hot stones.
　주어　동사　목적어1　　　　　　목적어2
→ and는 목적어 두 개를 연결하고 있다. put 앞의 to는 중복되어 생략되었다.

04 Sand Bed
pp.23 – 26

p.23 Look UP	**A** 1 clean	2 beach	
	B 1 village	2 special	3 sand
p.25 Check UP	1 Sand	2 (a) ✕ (b) ○	3 ③
	4 a sleep	b feel	
p.26 Build UP	1 (B)	2 (A)	3 (C)
p.26 Sum UP	a villagers	b comfortable	c dry　d warm

Check UP

1 인도네시아의 한 마을 사람들이 침대 대신에 모래에서 자는 문화를 소개하는 내용이다. 따라서 빈칸을 포함한 단어는 Sand(모래)이어야 한다.

> 사람들은 왜 <u>모래</u> 위에서 자나요?

2 (a) 마을 사람들은 집에 있는 모래 위에서 잔다고(Some of the villagers sleep on sand in their homes.) 했으므로 글의 내용과 틀리다.

(b) 마을 사람들은 특별한 모래를 사용하는데 그것은 물기 없고 깨끗하다고(It's dry and clean.) 했다.

3 모래 위가 편안한 이유로 추운 날에는 따뜻하고, 더운 날에는 시원하다고(It feels warm ~ on hot days.) 했다. 마을의 이름과 언제부터 마을 사람들이 모래를 사용했는지에 대한 내용은 글에 없다.

Build UP

1 마을 사람들은 무엇 위에서 잠을 자나요?	(B) 그들은 집 안에 있는 모래 위에서 잠을 잔다.
2 특별한 모래는 어디에서 오나요?	(A) 그것은 해변에서 온다.
3 그들은 왜 모래 위에서 잠을 자나요?	(C) 그들은 그것 위가 더 편안하다고 느낀다.

Sum UP

보기	마을 사람들	물기 없는	편안한	따뜻한

인도네시아의 몇몇 **a** <u>마을 사람들</u>은 집에 있는 모래 위에서 잔다. 그들은 집에 침대가 있다. 하지만 그들은 모래 위가 더 **b** <u>편안하다고</u> 느낀다. 그들은 특별한 모래를 사용한다. 그것은 **c** <u>물기 없고</u> 깨끗하다. 그것은 더운 날에는 시원하게 느껴진다. 그것은 추운 날에는 **d** <u>따뜻하게</u> 느껴지기도 한다.

● 지문 살펴보기

Sand Bed
모래 침대

1 There is a small village / in Indonesia.
  한 작은 마을이 있다 / 인도네시아에.

2 Some of the villagers / sleep on sand /
  마을 사람들 중 몇몇은 / 모래 위에서 잔다 /
in their homes.
그들 집 안에 있는.

주요 어휘

sand	모래
village	마을
villager	마을 사람
Indonesia	인도네시아

3 But they use / special sand.
하지만 그들은 사용한다 / 특별한 모래를.

4 It comes from the beach.
그것은 해변에서 나온다.

5 It's dry / and clean.
그것은 물기 없다 / 그리고 깨끗하다.

6 The villagers have beds / at home.
그 마을 사람들은 침대가 있다 / 집에.

7 But they feel more comfortable / on sand.
하지만 그들은 더 편안하다고 느낀다 / 모래 위에서.

8 It feels warm / on cold days.
그것은 따뜻하다 / 추운 날에.

9 It feels cool / on hot days.
그것은 시원하다 / 더운 날에.

special	특별한
come from	~에서 나오다
beach	해변, 바닷가
dry	마른, 물기 없는
clean	1. 깨끗한 2. 청소하다
comfortable	편안한
feel	1. (감정, 기분 등을) 느끼다 2. (촉감이) ~하다, ~한 느낌이 들다
warm	따뜻한
cool	시원한

우리말 해석

모러 침대
인도네시아에는 한 작은 마을이 있어요. 마을 사람 중 일부는 집 안에 있는 모래 위에서 자요.

하지만 그들은 특별한 모래를 사용해요. 그것은 해변에서 나와요. 물기가 없고 깨끗해요.

그 마을 사람들은 집에 침대가 있어요. 하지만 그들은 모래 위가 더 편안하게 느껴져요. 그것은 추운 날에는 따뜻해요. 더운 날에는 시원해요.

● **주요 문장 확인하기**

7 But they feel **more** comfortable on sand.
　　　주어　동사　　　보어

→ comfortable은 3음절 이상의 형용사로, more를 앞에 붙여 비교급을 나타낸다. more comfortable은 '더 편안한'의 의미이다.

Wrap Up | Unit 03-04 　　　　　　　　　　　　pp.27 - 28

A 1 clean - 깨끗한, 청소하다　　2 run - 달리다　　3 beach - 해변, 바닷가

B 1 jumps　　2 village　　3 special　　4 part

C 1 beach　　2 cultures　　3 dry　　4 village

D 1 have　　2 visit　　3 runs　　4 sleep

05 Farmer's Market

pp.29 – 32

p.29 **Look UP**	**A** 1 <u>sh</u>op	2 <u>wake up</u>			
	B 1 early	2 amazing	3 fresh		
p.31 **Check UP**	1 ①	2 (a) ○ (b) ○	3 ⓐ love ⓑ fresh		
p.31 **Check the Pattern**	1 온다[와요]	2 여기 Kelly 씨가 온다[와요]			
p.32 **Pattern UP**	1 comes your dad		2 comes the train		
	3 comes the teacher		4 comes the bus		
p.32 **Sum UP**	ⓐ sell	ⓑ bakery	ⓒ buys	ⓓ fresh	

Check UP

1 농산물 시장에서 글쓴이가 아빠와 함께 사과를 팔면서 보낸 하루에 대한 이야기이다. 따라서 정답은 ①이다.

2 (a) '나'와 아빠는 농산물 시장에서 사과를 판다고(We sell our apples there.) 했으므로 글의 내용과 맞다.

(b) Baker 씨는 그의 빵집을 위해 사과를 산다고(He buys apples for his bakery.) 했으므로 글의 내용과 맞다.

Sum UP

보기				
	빵집	사다	팔다	신선한

아빠와 나는 농산물 시장에서 사과를 ⓐ <u>판다</u>. Baker 씨는 와서 그의 ⓑ <u>빵집</u>을 위한 사과를 산다. 그다음 Kelly 씨도 와서 사과를 ⓒ <u>산다</u>. 그들은 우리 사과가 ⓓ <u>신선하고</u> 달기 때문에 그것들을 매우 좋아한다.

● 지문 살펴보기

Farmer's Market
농산물 시장

① I wake up early / today.
나는 일찍 일어난다 / 오늘.

② Dad and I go / to the farmer's market.
아빠와 나는 간다 / 농산물 시장에.

③ We sell our apples / there.
우리는 우리 사과를 판다 / 그곳에서.

④ Here comes Mr. Baker.
여기 Baker 씨가 온다.

주요 어휘

farmer's market	농산물 시장
wake up	(잠에서) 깨다, 일어나다
early	일찍, 빨리
sell	팔다

5 He buys apples / for his bakery.
그는 사과를 산다 / 그의 빵집을 위해.

6 His apple pies are so delicious!
그의 사과파이는 정말 맛있다!

7 Here comes Ms. Kelly.
여기 Kelly 씨가 온다.

8 She buys apples / for her shop.
그녀는 사과를 산다 / 그녀의 가게를 위해.

9 Her apple juice is amazing!
그녀의 사과주스는 굉장하다!

10 Many people love our apples.
많은 사람들은 우리 사과를 매우 좋아한다.

11 They are fresh / and sweet.
그것들은 신선하다 / 그리고 달콤하다.

buy	사다
bakery	빵집
delicious	맛있는
shop	가게, 상점
amazing	굉장한, 놀라운
fresh	신선한
sweet	달콤한, 단

우리말 해석

농산물 시장
나는 오늘 일찍 일어나요. 아빠와 나는 농산물 시장에 가요. 우리는 거기서 사과를 팔아요.

여기 Baker 씨가 와요. 그는 그의 빵집을 위해 사과를 사요. 그의 사과파이는 정말 맛있어요!

여기 Kelly 씨가 와요. 그녀는 그녀의 가게를 위해 사과를 사요. 그녀의 사과주스는 맛이 굉장해요!

많은 사람들은 우리 사과를 매우 좋아해요. 그것들은 신선하고 달콤하거든요.

● **주요 문장 확인하기**

6 His apple pies are so delicious!
　　　주어　　　　동사　　　보어
　→ so는 '정말, 매우'라는 의미로 delicious를 강조한다.

06 The Grand Bazaar

p.33 **Look UP**	**A** 1 build	2 street			
	B 1 fire	2 city	3 become		
p.35 **Check UP**	1 Market	2 (a)✕ (b)✕	3 ②	4 ⓐ city ⓑ streets	
p.36 **Build UP**	1 (B)	2 (C)	3 (A)		
p.36 **Sum UP**	ⓐ market	ⓑ culture	ⓒ city	ⓓ more	

1 수천 개의 상점이 있는, 규모가 큰 시장인 튀르키예의 Grand Bazaar에 대한 글이므로 빈칸을 포함한 단어는 Market(시장)이어야 한다.

> Grand Bazaar: 튀르키예에 있는 큰 시장

2 (a) Grand Bazaar 안에는 4,000개보다 많은 가게가 있다고(There are more than 4,000 shops.) 했으므로 글의 내용과 틀리다.

(b) 그곳에는 은행, 경찰서, 그리고 목욕탕도 있다고(There are banks, a police station, and bathhouses, too.) 했으므로 글의 내용과 틀리다.

3 처음에는 크지 않았지만, 여러 화재 이후로 다시 짓다 보니 규모가 커졌다고(But after fires, people built it again. The market became bigger.) 했다. 따라서 정답은 ②이다.

Build UP

1 Grand Bazaar는 어디에 있나요?	—	(B) 그것은 튀르키예에 있다.
2 거기에는 얼마나 많은 가게가 있나요?	—	(C) 4,000개보다 많은 가게가 있다.
3 Grand Bazaar는 얼마나 크나요?	—	(A) 그것은 작은 도시 같다. 61개의 거리가 있다.

Sum UP

> 보기 　　　도시　　　　문화　　　　더 많은　　　　시장

Grand Bazaar는 큰 **a** 시장이다. 많은 사람들은 그곳을 방문해 **b** 문화를 즐긴다. 처음에 그곳은 크지 않았다. 하지만 지금, 그곳은 작은 **c** 도시 같다. 4,000개보다 **d** 더 많은 가게가 있다. 심지어 은행, 경찰서, 그리고 목욕탕도 있다.

● **지문 살펴보기**

The Grand Bazaar
Grand Bazaar

① The Grand Bazaar is a big market / in Turkey.
　　Grand Bazaar는 큰 시장이다 　　 / 튀르키예에 있는.

② Many people visit / and enjoy the culture.
　　많은 사람들은 방문한다 / 　 그리고 그 문화를 즐긴다.

주요 어휘

Turkey	튀르키예 ((터키의 새 이름))
visit	방문하다
enjoy	즐기다

③ At first, / the market wasn't big.
처음에는, / 그 시장은 크지 않았다.

④ But after fires, / people built it / again.
하지만 화재 이후, / 사람들은 그것을 지었다 / 다시.

⑤ The market became bigger.
그 시장은 더 커졌다.

⑥ Now it's / like a small city.
이제 그것은 ~이다 / 작은 도시와 같은.

⑦ There are / 61 streets.
~가 있다 / 61개의 거리.

⑧ There are / more than 4,000 shops.
~이 있다 / 4,000개 이상의 가게들.

⑨ There are / banks, a police station, and bathhouses,
~이 있다 / 은행들, 경찰서, 그리고 목욕탕들,
/ too.
/ ~도.

at first	처음에는
fire	불, 화재
build(- built)	짓다, 건축하다
again	다시
become(- became)	~해지다, ~이 되다
bigger	더 큰
like	~와 같은
city	도시
street	거리, 도로
bank	은행
police station	경찰서
bathhouse	목욕탕

우리말 해석

Grand Bazaar

Grand Bazaar는 튀르키예에 있는 큰 시장이에요. 많은 사람들이 방문해서 그 문화를 즐겨요. 처음에는 그 시장은 크지 않았어요. 하지만 화재 이후, 사람들은 그것을 다시 지었어요. 시장은 더 커졌지요. 이제 그것은 작은 도시 같아요. 61개의 거리가 있어요. 4,000개보다 많은 가게가 있어요. 은행, 경찰서, 그리고 목욕탕도 있어요.

● 주요 문장 확인하기

① The Grand Bazaar is *a big market* [in Turkey].
→ in Turkey는 앞의 a big market을 꾸며 준다.

⑥ Now it's **like** a small city.
→ 여기서 like는 '~와 같은'의 의미를 나타내는 전치사이다.

⑧ There are **more than** 4,000 shops.
→ more than은 '~보다 더 많은, ~ 이상의'라는 의미이다.

Wrap Up | Unit 05-06 · pp.37 – 38

A 1 **build** - 짓다, 건축하다 2 **wake up** - (잠에서) 깨다, 일어나다 3 **street** - 거리, 도로
B 1 **early** 2 **shops** 3 **amazing** 4 **culture**
C 1 **delicious** 2 **at first** 3 **shop** 4 **fresh**
D 1 **comes** 2 **built** 3 **buys** 4 **became**

07 My Swimming Class

pp.39 – 42

p.39 **Look UP**	**A** 1 nervous	2 lie	
	B 1 first	2 stay	3 hold
p.41 **Check UP**	1 ②	2 (a) ○ (b) ×	3 ①
p.41 **Check the Pattern**	1 아프다	2 나의 손가락들이 아프다	
p.42 **Pattern UP**	1 My throat hurts	2 My knee hurts	
	3 My tooth hurts	4 My feet hurt	
p.42 **Sum UP**	3 → 1 → 4 → 2		

Check UP

1 긴장감으로 인해 수영 수업에서 배탈을 겪은 글쓴이에 대한 이야기이다. 따라서 정답은 ②이다.

2 (a) 첫 번째 날에는 수영장 밖에 머물렀다고(I stay outside the pool.) 했으므로 글의 내용과 맞다.

(b) 두 번째 날에는 배가 아팠지만, 수영장에 들어갔다고(But I get into the pool.) 했으므로 글의 내용과 틀리다.

3 밑줄 친 ⓐ를 포함한 문장은 '그날 이후로, 다시는 배가 아프지 않다.'라는 의미이다. 앞에서는 '내'가 너무 긴장해서 배가 아팠지만 수영 수업에 적응하면서 배 아픔이 사라졌다는 내용으로 보아, '나'는 더 이상 긴장하지 않는다는 것을 알 수 있다. 따라서 정답은 ①이다.

Sum UP

| ③ 나는 긴장되고 배가 아프다. | → | ① 나는 수영장 밖에 머무른다. | → |

| ④ 내 배가 다시 아프지만, 나는 수영장에 들어간다. | → | ② 나는 물에서 뒤로 눕는다. 그것은 따뜻하다. 내 배는 나아진다. |

● 지문 살펴보기

My Swimming Class
나의 수영 수업

❶ Today is my first swimming day.
오늘은 나의 첫 번째 수영 날이다.

❷ I feel nervous.
나는 긴장한다.

❸ My stomach hurts.
내 배가 아프다.

주요 어휘

first	첫 번째의
second	두 번째의
feel	1. (감정, 기분 등을) 느끼다
	2. (촉감이) ~하다, ~한 느낌이 들다
nervous	긴장한, 불안해하는
stomach	배

4 I stay / outside the pool.
나는 머무른다 / 수영장 밖에.

5 On the second day, / my stomach hurts again.
두 번째 날에, / 내 배가 다시 아프다.

6 But I get into the pool.
하지만 나는 수영장에 들어간다.

7 The teacher holds me / in the water.
선생님은 나를 잡아주신다 / 물속에서.

8 Then I lie back / in the water.
그다음 나는 뒤로 눕는다 / 물에서.

9 The water feels warm.
물이 따뜻하다.

10 My stomach feels better.
내 배는 나아진 느낌이 든다.

11 After that day, / my stomach never hurts / again.
그날 이후, / 나의 배는 전혀 아프지 않다 / 다시.

hurt	1. 아프다
	2. 다치게 하다
stay	1. 머무르다
	2. ∼인 채로 있다
outside	∼ 밖에
pool	수영장
get into	∼에 들어가다
hold	(손으로) 잡다, 붙들다
lie	눕다
lie back	뒤로 눕다
warm	따뜻한
better	나은, 더 좋은
after	∼ 이후
never	전혀 ∼ 않다

우리말 해석

나의 수영 수업

오늘은 내 첫 수영 날이에요. 나는 긴장돼요. 배가 아프네요. 나는 수영장 밖에 있어요.

둘째 날에 배가 또 아파요. 하지만 나는 수영장에 들어가요. 선생님께서 나를 물 속에서 잡아주셔요. 그다음 나는 물에서 뒤로 누워요. 물이 따뜻해요. 내 배는 나아져요.

그날 이후, 다시는 배가 아프지 않아요.

● 주요 문장 확인하기

10 My stomach feels better.
　　주어　　　동사　　보어
→ better는 '나은, 더 좋은'이라는 의미로, good의 비교급 표현이다.

11 After that day, my stomach never hurts again.
→ after는 '∼ 이후'라는 의미로, 뒤에 특정 시점을 나타내는 말이 온다.
→ never는 '전혀 ∼ 않다'라는 의미로, 강한 부정을 나타낸다.

08 A Player with No Arms

pp.43 – 46

p.43 Look UP	**A** 1 win	2 throw		
	B 1 start	2 practice	3 impossible	
p.45 Check UP	1 ③	2 ③	3 ③	4 **a** country **b** impossible
p.46 Build UP	1 (A)	2 (C)	3 (B)	
p.46 Sum UP	**a** started	**b** mouth	**c** threw	**d** impossible

Check UP

1 양팔이 없음에도 매일 탁구를 연습해 나라를 대표하는 선수가 된 Ibrahim에 대한 글이므로 정답은 ③이다.

2 Ibrahim은 10살에 양팔을 잃었고(Ibrahim lost his arms when he was 10.), 양팔이 없지만 탁구를 시작했다고 (But he started table tennis.) 했다. 지금은 나라를 대표해 큰 경기에 참가한다고(He plays in big games.) 했으므로 정답은 ③이다.

3 Ibrahim은 입으로 탁구 라켓을 잡고, 발로 공을 던져 탁구를 친다고 했으므로 정답은 ③이다. 출신 나라나 양팔을 잃은 이유에 대한 내용은 글에 없다.

Build UP

1 Ibrahim은 언제 팔을 잃었는가?	—	(A) 그는 10살이었을 때 그것들을 잃었다.
2 그는 어떻게 탁구를 치는가?	—	(C) 그는 입과 발을 사용한다.
3 그는 왜 여전히 열심히 연습하는가?	—	(B) 그는 승리하기 위해 열심히 연습한다.

Sum UP

보기	불가능한	시작했다	던졌다	입

Ibrahim은 10살이었을 때 팔을 잃었다. 그다음 그는 탁구를 **a** 시작했다. 그는 탁구 라켓을 **b** 입에 물고 발로 공을 **c** 던졌다. 그는 매일 연습했다. 이제 그는 그의 나라를 대표해 경기한다. 그는 **d** 불가능한 것은 없다는 것을 보여준다.

A Player with No Arms
팔이 없는 선수

① Ibrahim lost his arms // when he was 10.
　　Ibrahim은 그의 팔을 잃었다 //　　그가 10살이었을 때.

② But he started table tennis.
　　　하지만 그는 탁구를 시작했다.

③ He put the paddle / in his mouth.
　　그는 탁구 라켓을 넣었다 /　　　입 안에.

④ Then he threw the ball / with his foot / and played.
　　그다음 그는 공을 던졌다　/　그의 발로　/　그리고 경기했다.

⑤ He practiced every day.
　　　그는 매일 연습했다.

⑥ Now / he plays / for his country.
　　이제　/　그는 경기한다 / 그의 나라를 위해.

⑦ He plays / in big games.
　　그는 경기한다 / 큰 경기에서.

⑧ He still practices hard / to win.
　　그는 여전히 열심히 연습한다　/ 이기기 위해.

⑨ He shows // that nothing is impossible.
　　그는 보여준다 // 아무것도 불가능하지 않다는 것을.

주요 어휘

player	선수
arm	팔
lose(- lost)	잃다
start(- started)	시작하다
table tennis	탁구
put(- put)	넣다, 놓다
paddle	탁구 라켓
throw(- threw)	던지다
play(- played)	경기하다
practice(- practiced)	연습하다
country	나라, 국가
game	경기
still	여전히, 아직도
hard	열심히
win	이기다
show	보여주다
nothing	아무것도 ~ 아니다[없다]
impossible	불가능한

우리말 해석

팔이 없는 선수
Ibrahim은 10살이었을 때 팔을 잃었어요. 하지만 그는 탁구를 시작했어요. 그는 탁구 라켓을 입에 물었어요. 그다음 발로 공을 던져 경기했어요. 그는 매일 연습했어요.

이제 그는 국가를 대표해 경기해요. 그는 큰 경기에 출전해요. 그는 승리하기 위해 여전히 열심히 연습해요. 그는 불가능한 것은 없다는 것을 보여줘요.

● 주요 문장 확인하기

④ Then he threw the ball with his foot **and** played.
　　　　 주어　동사1　목적어1　　　　　　　　　　　 동사2
→ 동사 threw와 played가 and로 연결되어 있다.

⑧ He still practices hard **to win**.
→ to win은 '승리하기 위해서'라는 의미이며, 목적을 나타낸다.

⑨ He shows that **nothing** is impossible.
　　주어　동사　　　　　　　　목적어
　　→ 〈show+(that)+주어+동사〉는 '~가 …라는 것을 보여주다'라는 의미이다. 여기서 that은 생략할 수 있다.
　　→ nothing은 '아무것도 ~ 아니다[없다]'라는 의미로 문장 전체를 부정한다.

Wrap Up | Unit 07-08　　　　　　　　　pp.47 – 48

A	1 throw - 던지다	2 lie - 눕다	3 nervous - 긴장한, 불안해하는	
B	1 first	2 stay	3 started	4 win
C	1 lie	2 practices	3 Hold	4 hurts
D	1 get	2 feels	3 threw	4 plays

09 Different Doors, Different Owners　　　pp.49 – 52

p.49 Look UP	A 1 delivery　2 behind		
	B 1 apartment　2 owner　3 live		
p.51 Check UP	1 ③	2 ②	3 ②
p.51 Check the Pattern	1 저것은[그것은] 그의 개 Leo를 위한 것이다		
	2 저것은[그것은] 그녀의 음식 배달이다		
p.52 Pattern UP	1 That's[That is] right	2 That's[That is] a good idea	
	3 That's[That is] mine	4 That's[That is] his house	
p.52 Sum UP	ⓐ lives　　ⓑ door　　ⓒ food　　ⓓ bike		

Check UP

1 '나'와 같은 아파트 안에서 살고 있는 이웃들에 대한 이야기이므로 정답은 ③이다.

2 Smith 씨의 현관문에는 문이 하나 더 있다고(There's another door on it.) 했다. 따라서 정답은 ②이다.

3 Smith 씨가 키우는 개의 이름은 Leo이고(That's for his dog Leo.), Sarah의 현관문에 봉투가 있는데, 그것은 그녀의 음식 배달이라고(That's her food delivery.) 했다. '내'가 사는 현관문에 자전거가 있다고 했지만 아파트 호수에 대한 내용은 글에 없다.

Sum UP

Smith 씨는 이곳에 **a** 산다. 그의 **b** 문에는 문이 하나 더 있다. 그것은 Leo를 위한 것이다.

Sarah는 이곳에 산다. 그녀의 문에는 봉투가 있다. 그것은 그녀의 **c** 음식 배달이다.

나는 여기에 산다. 문에는 항상 **d** 자전거가 있다.

● 지문 살펴보기

Different Doors, Different Owners
다른 문들, 다양한 주인들

1 I live / in an apartment building.
나는 산다 /   아파트 건물에서.

2 Every door tells a story / about the home owner.
모든 문은 이야기를 한다   /   집 주인에 대한.

3 Mr. Smith lives / behind this door.
Smith 씨는 산다   /   이 문 뒤에.

4 There's another door / on it.
또 하나의 문이 있다   / 그것에.

5 That's for his dog Leo.
그것은 그의 개 Leo를 위한 것이다.

6 Sarah lives / behind this door.
Sarah는 산다   /   이 문 뒤에.

7 There's a bag / at the door.
봉투가 있다   /   문에.

8 That's her food delivery.
그것은 그녀의 음식 배달이다.

9 There's a small bike / at this door.
작은 자전거가 있다   /   이 문에.

10 Who lives / behind the door?
누가 살까   /   문 뒤에?

11 That's me!
그것은 나다!

주요 어휘

different	다른, 다양한
door	문
owner	주인
live	살다
apartment	아파트
building	건물, 빌딩
story	이야기
behind	~ 뒤에
another	또 하나의
bag	1. 봉투, 봉지
	2. 가방
food	음식
delivery	배달
bike	자전거

우리말 해석

다른 문들, 다양한 주인들
나는 아파트에 살아요. 모든 문은 집 주인에 대한 이야기를 해요.

Smith 씨는 이 문 뒤에 살아요. 그 문에는 또 다른 문이 있어요. 그것은 그의 개 Leo를 위한 것이에요.

Sarah는 이 문 뒤에 살아요. 문에는 봉투가 하나 있어요. 그것은 그녀의 음식 배달이에요.

이 문에는 작은 자전거가 있어요. 문 뒤에는 누가 살까요? 바로 나예요!

② <u>Every door</u> <u>tells</u> *a story* [about the home owner].
　　　주어　　　동사　　　　　　　목적어

→ about the home owner는 뒤에서 a story를 꾸며 준다.

⑩ **Who** lives behind the door?

→ 의문사 Who가 주어 역할을 하여 바로 뒤에 일반동사가 왔다. '누가 ~하니?'라는 의미를 나타낸다.

10 Vera's New Coat
pp.53 – 56

p.53 **Look UP**	**A** 1 <u>buy</u>	2 **make**		
	B 1 **Give**	2 **need**	3 **neighbor**	
p.55 **Check UP**	1 ③	2 (a)✕ (b)○	3 ③　4 ⓐ **cut** ⓑ **neighbor**	
p.56 **Build UP**	1 (C)	2 (A)	3 (B)	
p.56 **Sum UP**	ⓐ **bought**	ⓑ **lost**	ⓒ **gave**	ⓓ **neighbor**

Check UP

1 어려운 상황에 처한 이웃을 아낌없이 도와준 Vera의 이야기이므로 정답은 ③이다.

2 (a) Vera는 돈을 모아 새 코트를 샀다고(Vera worked and saved money. Then she bought a new coat.) 했으므로 글의 내용과 틀리다.

(b) 그 가족에게는 세 명의 어린 딸이 있었다고(The family had three little girls.) 했으므로 글의 내용과 맞다.

3 Vera는 코트를 새로 만들었고, 가족에게 음식도 주었다고(She made three coats ~ gave food to the family, too.) 했다. 하지만 돈을 모금했다는 내용은 글에 없다.

Build UP

① Vera는 무엇을 샀나요?	—	(C) 그녀는 새 코트를 샀다.
② 그 가족은 어떻게 집을 잃었나요?	—	(A) 그들은 화재로 집을 잃었다.
③ Vera는 그 가족을 위해 무엇을 했나요?	—	(B) 그녀는 코트를 만들었고 그 가족에게 음식을 주었다.

Sum UP

보기
주었다　　　샀다　　　이웃　　　잃었다

Vera는 돈을 모아서 새 코트를 **a** 샀다. 하지만 어느 날, 한 가족이 화재로 집을 **b** 잃었다. 그들은 음식과 옷이 필요했다. Vera는 새 코트를 만들었고, 그 가족에게 음식을 **c** 주었다. 그녀는 진정한 **d** 이웃이었다.

● 지문 살펴보기

Vera's New Coat
Vera의 새 코트

① Vera worked / and saved money.
　Vera는 일했다 / 그리고 돈을 모았다.

② Then she bought a new coat.
　　그다음 그녀는 새 코트를 샀다.

③ One day, / a family lost their house / in a fire.
　어느 날, / 한 가족이 집을 잃었다 / 화재로.

④ The family had three little girls.
　그 가족에는 세 명의 어린 딸이 있었다.

⑤ They needed / food and clothes.
　그들은 필요했다 / 음식과 옷이.

⑥ When Vera heard about her neighbors, //
　　Vera가 그녀의 이웃들에 대해 들었을 때, //

she cut her new coat.
그녀는 자신의 새 코트를 잘랐다.

⑦ She made / three coats for the girls.
　그녀는 만들었다 / 그 딸들을 위한 세 벌의 코트를.

⑧ She gave food / to the family, / too.
　그녀는 음식을 주었다 / 그 가족에게, / ~도.

⑨ She was a true neighbor.
　그녀는 진정한 이웃이었다.

주요 어휘

coat	코트, 외투
work(- worked)	일하다
save(- saved)	(돈을) 모으다, 저축하다
money	돈
buy(- bought)	사다
fire	불, 화재
little	어린
girl	1. 딸 2. 여자아이
need(- needed)	필요하다
clothes	옷
neighbor	이웃
cut(- cut)	자르다, 잘라내다
make(- made)	만들다
give(- gave)	주다
true	1. 진정한 2. 사실인

우리말 해석

Vera의 새 코트

Vera는 일해서 돈을 모았어요. 그리고 그녀는 새 코트를 샀어요. 어느 날, 한 가족이 화재로 집을 잃었어요. 그 가족에는 세 명의 어린 딸이 있었어요. 그들은 음식과 옷이 필요했어요.

Vera는 그 이웃들에 대해 들었을 때, 자신의 새 코트를 잘랐어요. 그 딸들을 위한 코트 세 벌을 만들었지요. 그녀는 그 가족에게 음식도 주었어요.

그녀는 진정한 이웃이었어요.

⑦ She made *three coats* [for the girls].
　주어　동사　　　　목적어

→ for the girls는 앞에 있는 three coats를 꾸며 준다.

⑧ She **gave** <u>food</u> **to** <u>the family</u>, too.
　　　　　A　　　　B

→ 〈give[gave] A to B〉는 'B에게 A를 주다[주었다]'라는 의미이다. 주로 A 자리에는 '사물'이, B 자리에는 '사람'이 온다.

Wrap Up | Unit 09-10　　　　　　　　pp.57 – 58

A	1 make - 만들다	2 delivery - 배달	3 buy - 사다	
B	1 behind	2 door	3 gave	4 neighbor
C	1 need	2 apartment	3 bought	4 door
D	1 lives	2 is	3 lost	4 saved

11 Ella's Hello　　　　　　　　pp.59 – 62

p.59 Look UP	A 1 say hello 2 hug			
	B 1 gentle 2 idea 3 Wrap			
p.61 Check UP	1 ③	2 (a) ○ (b) ○	3 ⓐ wraps ⓑ around	
p.61 Check the Pattern	1 껴안는[포옹하는] 것을 본다		2 감는 것을 본다	
p.62 Pattern UP	1 see, dance	2 see, fly	3 see, run	4 see, leave
p.62 Sum UP	1 (C)	2 (B)	3 (A)	4 (D)

Check UP

1 코끼리 Ella가 자신의 코로 따뜻하고 상냥한 인사법을 만들어낸 이야기이므로 정답은 ③이다.

2 (a) 하마들은 입을 맞추며 인사를 한다고(I see hippos kiss.) 했으므로 글의 내용과 맞다.

(b) 코끼리는 껴안거나 꼬리를 감을 수 없다고(But elephants can't hug, kiss, or wrap their tails.) 했으므로 글의 내용과 맞다.

Sum UP

1 — (C) 그들은 입을 맞춘다. 2 — (B) 그들은 꼬리를 감는다.

3 — (A) 그들은 서로를 껴안는다. 4 — (D) 그들은 코를 감는다.

● 지문 살펴보기

Ella's Hello
Ella의 인사

1 Ella the Elephant watches / other animals say hello.
　코끼리 Ella는 본다　/ 다른 동물들이 인사하는 것을.

2 "I see / monkeys hug.
　"나는 본다 / 원숭이들이 껴안는 것을.

3 I see / hippos kiss.
　나는 본다 / 하마들이 입을 맞추는 것을.

4 I see / lions wrap tails.
　나는 본다 / 사자들이 꼬리를 감는 것을.

5 I want / to say hello, / too."
　나는 원한다 / 인사하는 것을, / ~도."

6 But elephants can't hug, / kiss,
　하지만 코끼리는 포옹할 수 없다, / 입을 맞출 수도 (없다),
　/ or wrap their tails.
　/ 또는 꼬리를 감을 수도 (없다).

7 Soon Ella has a great idea.
　곧 Ella는 좋은 아이디어가 있다.

8 She goes to her dad.
　그녀는 아빠에게 간다.

9 She slowly wraps her trunk / around his trunk.
　그녀는 천천히 자신의 코를 감는다 / 그의 코 주위에.

10 It's a warm and gentle hello.
　그것은 따뜻하고 상냥한 인사다.

주요 어휘

watch	보다, 지켜보다
say hello	인사하다
see	보다, 보이다
hug	껴안다, 포옹하다
hippo	하마
kiss	입을 맞추다
wrap	감다, 두르다
tail	꼬리
great	아주 좋은
idea	생각, 아이디어
slowly	천천히
trunk	(코끼리의) 코
around	~ 주위에, 주변에
warm	따뜻한
gentle	상냥한, 부드러운

우리말 해석

Ella의 인사
코끼리 Ella는 다른 동물들이 인사하는 것을 봐요. "나는 원숭이들이 껴안는 것을 봐. 나는 하마들이 입을 맞추는 것을 봐. 나는 사자들이 꼬리를 감는 것을 봐. 나도 인사를 하고 싶어." 하지만 코끼리들은 포옹하거나, 입을 맞추거나, 꼬리를 감을 수 없어요.

곧 Ella에게 좋은 아이디어가 떠올라요. 그녀는 아빠에게 가요. 그녀는 아빠 코 주위를 천천히 자신의 코로 감아요. 그것은 따뜻하고 상냥한 인사예요.

1 <u>Ella the Elephant</u> **watches** <u>other animals</u> <u>say hello</u>.
　　　　주어　　　　　　　동사　　　　목적어　　　　　보어
　→ 〈watch+목적어+동사원형〉은 '(목적어)가 ～하는 것을 지켜보다'라는 의미이다.

5 <u>I</u> <u>want</u> **to say hello**, too.
　주어 동사　　목적어
　→ 〈want+to+동사원형〉은 '～하기를 원하다, ～하고 싶다'의 의미를 나타낸다.
　→ to say hello는 '인사하는 것'이라는 의미이며, 동사 want의 목적어이다.

6 But <u>elephants</u> <u>can't hug</u>, <u>(can't) kiss</u>, **or** <u>(can't) wrap</u> their tails.
　　　　주어　　　　　동사1　　　　　동사2　　　　　　　　동사3
　→ 중복을 피하기 위해 kiss와 wrap 앞에 can't는 생략되었다.

12 Elephant Ears

pp.63 – 66

p.63 **Look UP**	**A** 1 <u>open</u> 　2 <u>surprise</u>			
	B 1 mean 　2 fold 　3 do			
p.65 **Check UP**	1 ②	2 ②	3 ③	4 ⓐ do ⓑ messages
p.66 **Build UP**	1 (B)	2 (C)	3 (A)	
p.66 **Sum UP**	ⓐ ears	ⓑ move	ⓒ messages	ⓓ danger

Check UP

1 코끼리가 체온 조절 및 다양한 메시지를 보낼 때 귀를 사용한다는 것을 설명하는 글이다. 따라서 정답은 ②이다.

2 코끼리는 귀를 움직이면서 체온을 낮출 수 있다고(Elephants move their ears and lose body heat.) 했고, 귀를 다른 코끼리에 살짝 닿게 하여 인사를 한다고(They brush their ears against other elephants. It means hello.) 했다. 하지만 코끼리가 얼마나 멀리까지 들을 수 있는지에 대한 내용은 글에 없다. 따라서 정답은 ②이다.

3 코끼리는 놀라움의 의미로 귀를 활짝 펼친다고(They open their ears wide. It means surprise.) 했다. 따라서 정답은 ③이다.

Build UP

① — (B) 코끼리는 다른 코끼리에게 귀를 스친다. 그것은 인사를 의미한다.

② — (C) 코끼리는 귀를 접는다. 그것은 위험을 의미한다.

③ — (A) 코끼리는 귀를 활짝 펼친다. 그것은 놀라움을 의미한다.

Sum UP

　　　움직이다　　　귀　　　위험　　　메시지

코끼리는 ⓐ <u>귀</u>로 많은 것들을 할 수 있다. 그들은 귀를 ⓑ <u>움직</u>이면서 체열을 잃는다. 코끼리는 귀로 ⓒ <u>메시지</u>를 전달할 수도 있다. 예를 들어, 그들은 귀를 접는다. 그것은 ⓓ <u>위험</u>을 의미한다.

● 지문 살펴보기

Elephant Ears
코끼리 귀

1 Elephants have large ears.
　　코끼리는 큰 귀를 갖고 있다.

2 They can do many things / with their ears.
　　그들은 많은 것들을 할 수 있다 / 그들의 귀로.

3 Elephants move their ears / and lose body heat.
　　코끼리는 그들의 귀를 움직인다 / 그리고 체열을 잃는다.

4 So they become cooler.
　　그래서 그들은 더 시원해진다.

5 Elephants send messages / with their ears, / too.
　　코끼리는 메시지를 보낸다 / 그들의 귀로, / ~도.

6 They brush their ears / against other elephants.
　　그들은 귀를 스친다 / 다른 코끼리들에게.

7 It means hello.
　　그것은 인사를 의미한다.

8 They fold their ears.
　　그들은 그들의 귀를 접는다.

9 It means danger.
　　그것은 위험을 의미한다.

10 They open their ears / wide.
　　그들은 그들의 귀를 펼친다 / 활짝.

11 It means surprise.
　　그것은 놀라움을 의미한다.

주요 어휘

large	큰, 거대한
do	하다
move	움직이다
lose	잃다
body heat	체온, 체열
become	~해지다
send	보내다, 전달하다
message	메시지
other	다른
mean	의미하다
fold	접다
danger	위험
open	1. 펼치다 2. 열다
wide	활짝
surprise	놀라움

우리말 해석

코끼리 귀

코끼리는 큰 귀를 갖고 있어요. 그들은 귀로 많은 것들을 할 수 있어요. 코끼리는 귀를 움직여 체온을 낮춰요. 그래서 그들은 더 시원해져요.

코끼리는 귀를 이용해 메시지를 보내기도 해요. 그들은 다른 코끼리들에게 자신의 귀를 스쳐요. 그것은 인사를 의미해요. 그들은 귀를 접어요. 그것은 위험을 의미해요. 그들은 귀를 활짝 펼쳐요. 그것은 놀라움을 의미해요.

● 주요 문장 확인하기

② They can do many things **with** their ears.
→ with는 '~으로, ~을 사용하여'라는 의미로 뒤에 도구나 수단을 나타내는 말이 온다.

④ So they **become** cooler.
→ 〈become+형용사〉는 '~해지다'라는 의미이다.
→ cooler는 cool의 비교급이다.

Wrap Up | Unit 11-12 pp.67 – 68

A 1 hug - 껴안다, 포옹하다   2 open - 펼치다, 열다   3 say hello - 인사하다

B 1 surprise   2 wrap   3 gentle   4 do

C 1 Fold   2 danger   3 trunk   4 idea

D 1 means   2 open   3 wraps   4 hug

13 Belugas pp.69 – 72

p.69 **Look UP**	**A** 1 hunt 2 group **B** 1 leave 2 protect 3 each other
p.71 **Check UP**	1 ② 2 (a)✕ (b)✕ 3 ① 4 ⓐ warmer ⓑ smaller
p.72 **Build UP**	1 (C) 2 (B) 3 (A)
p.72 **Sum UP**	ⓐ oceans ⓑ leave ⓒ smaller ⓓ danger

Check UP

1 더 차가운 (바닷)물을 찾아 무리를 떠나고 있는 벨루가들에 대한 내용이므로 정답은 ②이다.

2 (a) 벨루가들은 차가운 (바닷)물과 바다 얼음을 좋아한다고(Belugas like cold waters and sea ice.) 했으므로 글의 내용과 틀리다.

(b) 벨루가들은 무리 지어 생활하면서 함께 사냥하고 서로를 보호한다고(They hunt together and protect each other.) 했으므로 글의 내용과 틀리다.

3 벨루가들은 더 차가운 (바닷)물을 찾아 무리를 떠나고, 무리가 작아지면 사냥하거나 서로를 보호할 수 없어서 더 위험하다고(~ leave their groups for colder waters ~ can't protect each other.) 했다. 벨루가들은 무리를 지어 함께 사냥한다고 했지만 무엇을 사냥하는지에 대한 내용은 글에 없으므로 정답은 ①이다.

Build UP

① 벨루가들은 큰 무리를 지어 산다	② 바다가 더 따뜻해지고 있다	③ 벨루가들은 사냥하거나 서로를 보호할 수 없다
(C) 그들이 함께 사냥하고 서로를 보호하기 때문에.	(B) 그래서 벨루가들은 더 차가운 (바닷)물을 찾아 무리를 떠난다.	(A) 무리가 더 작아지면.

Sum UP

보기   위험   바다   더 작은   떠나다

벨루가들은 차가운 (바닷)물을 좋아한다. 하지만 지금, **a** 바다는 더 따뜻해지고 있다. 많은 벨루가들은 더 차가운 (바닷)물을 찾아 자신들의 무리를 **b** 떠난다. 무리는 **c** 더 작아지고, 벨루가들은 사냥하거나 서로를 보호할 수 없다. 그들은 지금 **d** 위험에 처해 있다.

● 지문 살펴보기

Belugas
벨루가

① Belugas like cold waters / and sea ice.
벨루가들은 차가운 (바닷)물을 좋아한다 / 그리고 바다 얼음을.

② They live / in large groups.
그들은 산다 / 큰 무리 지어.

③ They hunt together / and protect each other.
그들은 함께 사냥한다 / 그리고 서로를 보호한다.

④ But now / the groups are getting smaller.
하지만 지금 / 그 무리들은 더 작아지고 있다.

⑤ Why?
왜일까?

⑥ The oceans are getting warmer.
바다는 더 따뜻해지고 있다.

⑦ Many belugas leave their groups / for colder waters.
많은 벨루가들은 그들의 무리를 떠난다 / 더 차가운 (바닷)물을 위해.

주요 어휘

cold	차가운
waters	(호수·강·바다의) 물
sea ice	바다 얼음, 해빙
group	무리, 집단
in a group	무리 지어, 떼를 지어
hunt	사냥하다
together	함께
protect	보호하다
each other	서로
get	(~한 상태가) 되다
ocean	바다, 대양
leave	떠나다
be in danger	위험에 처하다

8 When the groups get smaller, // they can't hunt.

무리가 더 작아지면, // 그들은 사냥할 수 없다.

9 They can't protect / each other.

그들은 보호할 수 없다 / 서로를.

10 They are / more in danger.

그들은 ~이다 / 더 많은 위험에 처한.

우리말 해석

벨루가

벨루가들은 차가운 바닷물과 바다 얼음을 좋아해요. 그들은 큰 무리를 지어 살고 있어요. 그들은 함께 사냥하고 서로를 보호하죠. 하지만 지금 그 무리들은 점점 작아지고 있어요. 왜 그럴까요? 바다는 점점 따뜻해지고 있어요. 많은 벨루가들은 더 차가운 바닷물을 찾아서 자신들의 무리를 떠나지요. 그들은 무리가 더 작아지면 사냥할 수 없어요. 그들은 서로를 보호할 수도 없어요. 벨루가들은 더 큰 위험에 처하게 돼요.

● **주요 문장 확인하기**

3 They hunt together **and** protect each other.

　주어　동사1　　　　　　　 동사2　　목적어2

→ 동사 hunt와 protect가 and로 연결되어 있다.

4 But now the groups **are getting** *smaller*.

　　　　　주어　　　　　동사　　　보어

→ 〈are[am, is]+동사원형+-ing〉은 '(지금) ~하고 있다, ~하는 중이다'라는 의미이다.

→ 〈get+형용사〉는 '(~한 상태가) 되다'라는 의미이며, small의 비교급인 smaller가 형용사 자리에 쓰였다.

14 Time to Act

pp.73 – 76

p.73 Look UP	**A** 1 sink	2 promise		
	B 1 keep	2 rise	3 Nobody	
p.75 Check UP	1 ①	2 (a) ○ (b) ×	3 ②	
p.75 Check the Pattern	1 (반드시) 행동해야 한다	2 우리는 (반드시) 지구를 보호해야 한다		
p.76 Pattern UP	1 We must follow	2 We must wash	3 We must wear	
	4 We must wait			
p.76 Sum UP	ⓐ sink	ⓑ promise	ⓒ study	ⓓ protect

Check UP

1 바닷속에 가라앉게 될 위기를 맞은 투발루를 돕겠다고 나선 호주의 결정에 대한 뉴스를 보도하는 내용이다. 따라서 정답은 ①이다.

2 (a) 해수면 상승으로 투발루가 바닷속에 잠길지도 모른다고(Sea levels keep rising. Tuvalu may sink into the ocean.) 했으므로 글의 내용과 맞다.

　　(b) 투발루 사람들은 호주에서 살면서, 일하고, 공부할 수 있다고(They can live, work, and study.) 했으므로 글의 내용과 틀리다.

3 일부 투발루 사람들이 호주의 결정에 만족하지 않은 이유는 집을 떠나는 것이 문제 해결책이 아니라, 바로 행동하여 지구를 보호해야 한다고(We must act now. We must protect the Earth.) 말하면서, 섬이 가라앉는 원인을 해결해야 한다고 주장하기 때문이다. 따라서 정답은 ②이다.

Sum UP

보기				
	보호하다	가라앉다	약속	공부하다

해수면이 계속해서 오른다. 투발루는 바닷속에 ⓐ 가라앉을지도 모른다. 호주는 ⓑ 약속을 했다. 투발루 사람들은 그곳에서 살면서, 일하고, ⓒ 공부할 수 있다. 하지만 그 누구도 자신의 집을 떠나선 안 된다. 우리는 지금 지구를 ⓓ 보호해야 한다.

● 지문 살펴보기

Time to Act
행동할 때

① Anchor: Sea levels keep / rising.
　　앵커:　 해수면이 계속한다 / 오르는 것을.

② Tuvalu may sink / into the ocean.
　　투발루는 가라앉을지도 모른다 / 바닷속으로.

③ Australia will help.
　　호주가 도울 것이다.

④ Here's James / with the story.
　　여기 James가 있다 / 기삿거리와 함께.

⑤ James: Today Australia made a promise.
　　James:　　　　 오늘 호주는 약속을 했다.

⑥ People from Tuvalu / can stay / in Australia.
　　투발루 사람들은　　 / 머물 수 있다 /　　호주에서.

⑦ They can live, / work, / and study.
　　그들은 살 수 있다, / 일할 수 (있다), / 그리고 공부할 수 (있다).

주요 어휘

act	행동하다
anchor	앵커맨, 앵커우먼
sea level	해수면
keep	계속하다
rise	오르다, 올라가다
may	~일지도 모른다
sink	가라앉다
Australia	호주
help	돕다
story	1. 기삿거리
	2. 이야기
promise	약속
make a promise	약속을 하다
(- made a promise)	
stay	지내다, 머무르다

⑧ But some people are not happy.
하지만 몇몇 사람들은 만족스럽지 않다.

⑨ They say, // "Nobody should leave their home.
그들은 말한다, // "아무도 자신의 집을 떠나선 안 된다.

⑩ We must act now.
우리는 지금 행동해야 한다.

⑪ We must protect the Earth."
우리는 지구를 보호해야 한다."

happy	1. 만족스러운
	2. 행복한
nobody	아무도 ~ 않다
must	(반드시) ~해야 한다

우리말 해석

행동할 때

앵커: 해수면이 계속 오르고 있습니다. 투발루는 바닷속으로 가라앉을지도 모릅니다. 호주가 도울 예정이라고 합니다. James가 이야기를 전해 드리겠습니다.

James: 오늘 호주는 약속을 했습니다. 투발루 사람들은 호주에서 지낼 수 있습니다. 그들은 살면서, 일하고, 공부할 수 있습니다. 하지만 일부 사람들은 만족하지 않습니다. 그들은 "아무도 집을 떠나선 안 돼요. 우리는 반드시 지금 행동해야만 합니다. 우리는 지구를 보호해야 합니다."라고 말합니다.

● 주요 문장 확인하기

① Anchor: <u>Sea levels</u> **keep rising**.
    주어   동사   목적어
→ 〈keep+동사원형+-ing〉는 '~하는 것을 계속하다, 계속 ~하다'라는 의미이다.

② Tuvalu **may** sink into the ocean.
→ may는 '~일지도 모른다'라는 의미로 가능성을 나타낸다.

⑨ They say, "**Nobody** *should* leave their home.
→ Nobody는 '아무도 ~ 않다'의 의미로 부정의 의미를 나타낸다.
→ should는 '~해야 한다'라는 의미로 의무를 나타낸다.

⑩ We **must** act now. **⑪** We **must** protect the Earth.
→ 〈must+동사원형〉은 '(반드시) ~해야 한다'라는 의미로 강한 의무를 나타낸다.

Wrap Up | Unit 13-14   pp.77 – 78

A	1 sink - 가라앉다	2 group - 무리, 집단	3 hunt - 사냥하다	
B	1 oceans	2 each other	3 promise	4 act
C	1 rise	2 Keep	3 nobody	4 protect
D	1 like	2 are	3 sink	4 leave

p.79 **Look UP**	**A** 1 little 2 secret		
	B 1 Suddenly 2 afraid 3 worry		
p.81 **Check UP**	1 ②	2 ①	3 a talk b smaller
p.81 **Check the Pattern**	1 자라기 시작했다	2 걱정하기 시작했다	
p.82 **Pattern UP**	1 started to write 2 started to fall		
	3 started to cry 4 started to move		
p.82 **Sum UP**	a little b strange c afraid d Suddenly		

Check UP

1 점점 커지는 걱정이 무서워진 Liam이 엄마에게 걱정거리를 털어놓자 걱정이 작아졌다는 이야기이므로 정답은 ②이다.

2 Liam은 작은 걱정거리가 있지만 크게 걱정하지 않았다고(He had a small worry. But he didn't worry much.) 했으므로 글의 내용과 틀린 것은 ①이다.

Sum UP

보기	갑자기	이상한	무서워하는	작은

나는 **a** 작은 비밀이 있었다. 나는 작은 걱정거리가 있었지만, 그것에 대해 말하지 않았다. 하지만 곧, 무언가 **b** 이상한 일이 일어났다. 그 걱정이 점점 더 커졌다! 나는 **c** 무서워서 그것에 대해 엄마와 이야기했다. **d** 갑자기, 그 걱정은 더 작아졌다.

● 지문 살펴보기

No Worries!
걱정하지 마!

① Liam had a little secret.
Liam은 작은 비밀이 있었다.

② He had a small worry.
그는 작은 걱정거리가 있었다.

③ But he didn't worry much.
하지만 그는 많이 걱정하지 않았다.

④ Soon, / something strange happened.
곧, / 무언가 이상한 일이 일어났다.

주요 어휘

worry	1. 걱정, 걱정거리
	2. 걱정하다
little	1. 작은 (= small)
	2. 어린
secret	비밀
much	많이
soon	곧
something	무언가, 어떤 일
strange	이상한
happen (- happened)	일어나다, 발생하다

⑤ When he didn't talk about it, // the worry started /
그가 그것에 대해 이야기하지 않았을 때, // 그 걱정은 시작했다 /
to grow.
자라기를.

⑥ It got bigger and bigger, // and Liam started /
그것은 점점 더 커졌다, // 그리고 Liam은 시작했다 /
to worry.
걱정하기를.

⑦ He felt afraid.
그는 무서웠다.

⑧ He talked / about his worry / with his mom.
그는 이야기했다 / 그의 걱정에 대해 / 그의 엄마와.

⑨ Suddenly, / the worry got smaller and smaller.
갑자기, / 그 걱정은 점점 더 작아졌다.

start	시작하다
(- started)	
grow	자라다
get(- got)	(~한 상태가) 되다
afraid	무서워하는, 겁내는
suddenly	갑자기

우리말 해석

걱정하지 마!

Liam은 작은 비밀이 있었어요. 그는 작은 걱정거리 하나가 있었거든요. 하지만 많이 걱정하지는 않았어요.

곧, 무언가 이상한 일이 일어났어요. 그가 그것에 대해 이야기하지 않자, 그 걱정은 자라기 시작했어요. 그것은 점점 더 커졌고, Liam은 걱정하기 시작했어요. 그는 무서웠어요. 그는 엄마에게 걱정에 대해 이야기했지요. 갑자기 그 걱정이 점점 더 작아졌어요.

● 주요 문장 확인하기

④ Soon, **something** *strange* happened.
　　　　　 주어　　　　　 동사
→ something처럼 –thing으로 끝나는 대명사는 형용사가 뒤에서 꾸며 준다.

⑤ **When** he didn't talk about it, the worry started **to grow**.
　　　주어 동사　　　　　　　　　　 주어　　 동사　　 목적어
→ when은 '~할 때'라는 의미로 문장과 문장을 연결하는 접속사이다.
→ to grow는 '자라는 것'이라 해석하며, 동사 started의 목적어이다.

⑥ It got **bigger** and **bigger**, and Liam started to worry.
→ bigger는 형용사 big의 비교급이며, 〈비교급+and+비교급〉은 '점점 더 ~한[하게]'라는 의미이다.

16 Bye Bye, Stress!

p.83 **Look UP**	**A** 1 active	2 diet			
	B 1 hobby	2 go away	3 mind		
p.85 **Check UP**	1 ③	2 (a)✕ (b)○	3 ②	4 ⓐ active	ⓑ go away
p.86 **Build UP**	1 (B)	2 (A)	3 (C)		
p.86 **Sum UP**	ⓐ yourself	ⓑ diet	ⓒ active	ⓓ hobby	

Check UP

1 우리에게 좋지 않은 <u>스트레스</u>로부터 <u>스스로를 돌볼 수 있는 다양한 방법들</u>을 설명하는 글이므로 정답은 ③이다.

2 (a) 스트레스는 쉽게 사라지지 않는다고(Stress doesn't go away easily.) 했으므로 글의 내용과 틀리다.

(b) 일부 음식은 기분을 나아지게 만들어 준다고(Some foods make your mood better.) 했으므로 글의 내용과 맞다.

3 기분을 나아지게 하는 음식 예시로 다크초콜릿을 먹어보라고(Try yogurt or dark chocolate.) 했으므로 정답은 ②이다.

Build UP

❶ 스트레스는 쉽게 사라지지 않는다, — (B) 그리고 그것은 너의 마음과 몸에 좋지 않다.
❷ 너는 요거트나 다크초콜릿을 먹어봐야 한다 — (A) 그것들이 네 기분을 더 좋게 만들기 때문이다.
❸ 너는 일기를 쓸 수 있다 — (C) 네가 스포츠를 좋아하지 않는다면.

Sum UP

보기	활동적인	식사	취미	네 자신

스트레스는 너의 마음과 몸에 좋지 않다. 너는 **a** <u>네 자신</u>을 돌봐야 한다. 첫째, 건강한 **b** <u>식사</u>를 해라. 너는 요거트나 다크초콜릿 같은 음식을 먹어볼 수 있다. 다음으로, **c** <u>활동적으로</u> 지내고 스포츠를 해라. 아니면 너는 **d** <u>취미</u>를 즐길 수 있다.

● 지문 살펴보기

Bye Bye, Stress!
잘 가라, 스트레스!

❶ Stress doesn't go away / easily.
스트레스는 사라지지 않는다 / 쉽게.

❷ It's bad / for your mind and body.
그것은 좋지 않다 / 너의 마음과 몸에.

❸ So you should / take care of yourself.
그래서 너는 ~해야 한다 / 네 자신을 돌봐야 (한다).

❹ Here are / some good ways.
여기 ~이 있다 / 몇 가지 좋은 방법들이.

주요 어휘

stress	스트레스
go away	없어지다, 사라지다
easily	쉽게
mind	마음, 정신
take care of	~을 돌보다
yourself	네 자신
way	방법
first	먼저, 우선
healthy	건강에 좋은
diet	식사, 식단
mood	기분
try	시도하다, 먹어보다

⑤ First, / eat a healthy diet.
먼저, / 건강에 좋은 식사를 먹어라.

⑥ Some foods make / your mood better.
몇몇 음식들은 만든다 / 너의 기분을 나아지게.

⑦ Try yogurt or dark chocolate.
요거트 또는 다크초콜릿을 먹어봐라.

⑧ Next, / be active.
그다음은, / 활동적으로 지내라.

⑨ You can take a walk / or play sports.
너는 산책할 수 있다 / 또는 스포츠를 할 수 (있다).

⑩ Not a fan of sports?
스포츠 팬이 아닌가?

⑪ You can write a diary / or work on your hobby.
너는 일기를 쓸 수 있다 / 또는 너의 취미에 몰두할 수 (있다).

next	그 다음은, 다음으로
active	활동적인
take a walk	산책하다
a fan of	～의 팬, ～을 좋아하는 사람
diary	일기
work on	～에 몰두하다
hobby	취미

우리말 해석

잘 가라, 스트레스!
스트레스는 쉽게 사라지지 않아요. 그것은 마음과 몸에 좋지 않아요. 그래서 여러분은 자신을 돌봐야 해요. 여기 몇 가지 좋은 방법들이 있어요.

먼저, 건강한 식사를 하세요. 몇 가지 음식은 여러분의 기분을 나아지게 만들어줘요. 요거트나 다크초콜릿을 먹어보세요. 그다음은, 활동하세요. 여러분은 산책을 하거나 스포츠를 할 수 있어요.

스포츠를 좋아하지 않나요? 일기를 쓰거나 취미 생활을 해도 돼요.

● 주요 문장 확인하기

⑥ Some foods make your mood better.
　　　　　주어　　　동사　　목적어　　보어
→ 〈make+목적어+형용사〉는 '(목적어)를 ～하게 만들다'라는 의미이다.
→ better는 '나은, 더 좋은'이라는 의미로 good의 비교급이며, your mood를 보충 설명한다.

⑨ You can take a walk or (can) play sports.
　　주어　동사1　　　　　　　동사2
→ or는 동사 can take과 play를 연결한다.
→ 중복을 피하기 위해 play 앞에 can이 생략되었다.

Wrap Up | Unit 15-16　　　　　　　pp.87 – 88

A 1 active - 활동적인 　2 little - 작은, 어린 　3 secret - 비밀

B 1 afraid 　2 go away 　3 worry 　4 take

C 1 mind 　2 hobby 　3 secret 　4 suddenly

D 1 eat 　2 play 　3 happened 　4 started

What's Reading

Words
50

· 정답과 해설 ·

WORKBOOK

01 One and Only Post Office pp.02 – 03

A

Across/Down crossword letters:
- ¹l a n
- ²h i s t
- r o o ⁴m
- ⁵s e n d
- ³r o o m / m u s
- ⁶p o s t o f f i c e
- r u
- y m

B
1 lake - 호수   2 building - 건물
3 learn - 배우다   4 only - 단 하나의, 유일한
5 postcard - 엽서

C
1 (is)   2 (send)
3 (visit)   4 (is not)

D
1 it is not on land
2 The other is a small museum
3 They learn the history

02 Museum Under the Sea pp.04 – 05

A

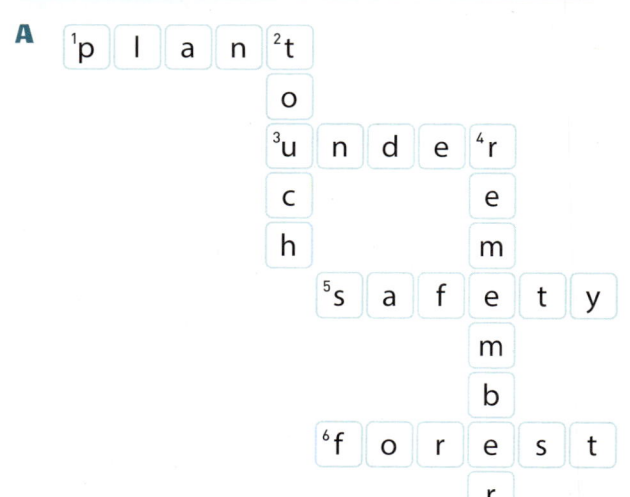

- ¹p l a n ²t
- o
- ³u n d e ⁴r
- c   e
- h   m
- ⁵s a f e t y
- m
- b
- ⁶f o r e s t
- r

B
1 follow - 따르다
2 deep - 깊이가 ~인
3 rule - 규칙
4 artwork - 미술품
5 sculpture - 조각품

C
1 (is)   2 (is)
3 (can enjoy) 4 (cannot take)

D
1 Remember to follow these rules
2 cannot touch any sculptures
3 There are many fish and plants

03 Hot Sauna pp.06 – 07

A

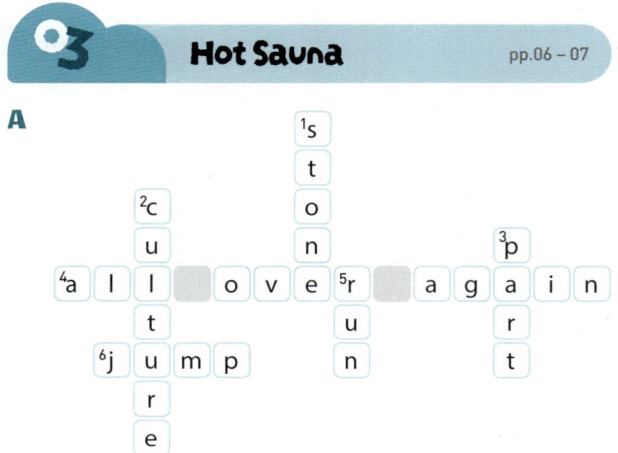

- ¹s
- t
- o
- ²c   n   ³p
- u
- ⁴a l l o v e ⁵r a g a i n
- t   r
- ⁶j u m p   n   t
- r
- e

B
1 put - 얹다, 넣다
2 outside - 밖에, 바깥에
3 hot - 뜨거운, 더운
4 steam - 수증기, 김
5 sauna - 사우나

C
1 (makes)   2 (are)
3 (loves)   4 (gets), (loves)

D
1 Henri loves to visit saunas
2 he runs back to the sauna
3 He loves to do it

04 Sand Bed

pp.08 – 09

A

Crossword:
- 1 down: b e a c h
- 2 down: s p e c i a l
- 3 down: s a n d
- 4 across: c l e a n
- 5 down: d r y
- 6 across: v i l l a g e

B
1 **warm** - 따뜻한
2 **comfortable** - 편안한
3 **feel** - 1. 느끼다 2. ~한 느낌이 들다
4 **come from** - ~에서 나오다
5 **villager** - 마을 사람

C
1 (feels)   2 (have)
3 (use)   4 (sleep)

D
1 There is a small village in Indonesia
2 It comes from the beach
3 But they feel more comfortable

05 Farmer's Market

pp.10 – 11

A

Crossword:
- 1 across: f r e s h
- 2 down: s h o p
- 3 down: a m a z
- 4 across: w a k e   u p
- 5 across: d e l i c i o u s
- 6 down: e a r l y ... e n g

B
1 **buy** - 사다
2 **bakery** - 빵집
3 **sell** - 팔다
4 **sweet** - 달콤한, 단
5 **farmer's market** - 농산물 시장

C
1 (is)   2 (are)
3 (buys)   4 (go)

D
1 I wake up early
2 She buys apples for her shop
3 They are fresh and sweet

06 The Grand Bazaar — pp.12 – 13

A

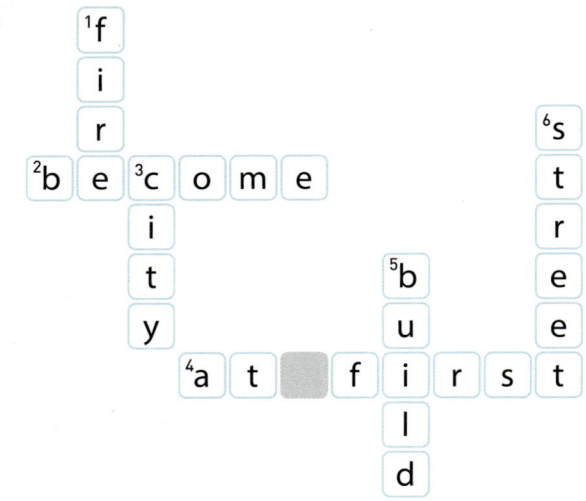

B
1 enjoy - 즐기다
2 again - 다시
3 visit - 방문하다
4 like - ~와 같은
5 bathhouse - 목욕탕

C
1 became
2 was not
3 built
4 visit, enjoy

D
1 is a big market in Turkey
2 are banks, a police station, and bathhouses
3 There are more than 4,000 shops

07 My Swimming Class — pp.14 – 15

A

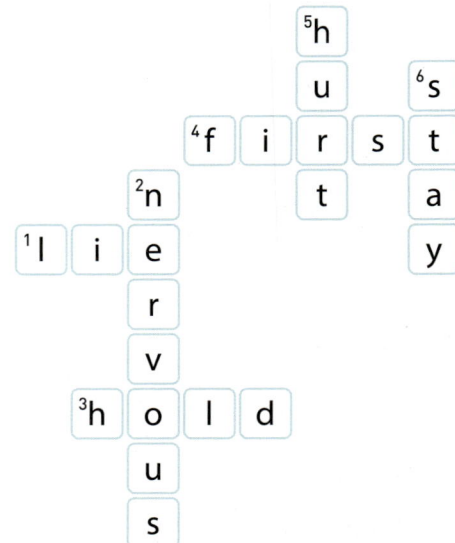

B
1 stomach - 배
2 pool - 수영장
3 never - 전혀 ~ 않다
4 warm - 따뜻한
5 better - 나은, 더 좋은

C
1 feels
2 is
3 holds
4 hurts

D
1 I stay outside the pool
2 I get into the pool
3 My stomach feels better

08 A Player with No Arms pp.16 – 17

A

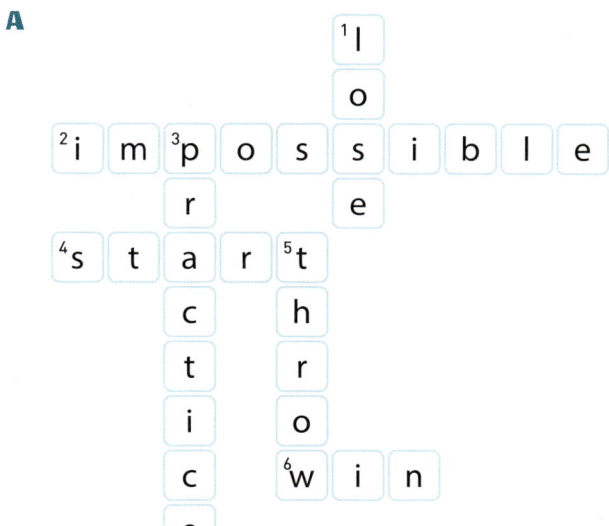

```
        ¹l
        o
²i m ³p o s s i b l e
    r         e
⁴s t a r ⁵t
    c     h
    t     r
    i     o
    c   ⁶w i n
    e
```

B
1 **still** - 여전히, 아직도
2 **country** - 나라, 국가
3 **play** - 경기하다
4 **show** - 보여주다
5 **nothing** - 아무것도 ~ 아니다[없다]

C
1 (plays)　　2 (lost), (was)
4 (shows), (is)　3 (threw), (played)

D
1 But he started table tennis
2 He put the paddle in his mouth
3 He still practices hard to win

09 Different Doors, Different Owners pp.18 – 19

A

```
¹d ²o o r
   w
   n
   e         ³d
⁴a p a r t m e n t
             l
             i
             v       ⁵l
           ⁶b e h i n d
             r       v
             y       e
```

B
1 **another** - 또 하나의
2 **different** - 다른, 다양한
3 **story** - 이야기
4 **bike** - 자전거
5 **bag** - 1. 봉투, 봉지　2. 가방

C
1 (live)　　2 (is)
3 (lives)　4 (tells)

D
1 There is another door on it
2 That is her food delivery
3 Who lives behind the door

10 Vera's New Coat

A

Across:
3 n e e d
4 g i v e
6 b u y

Down:
1 n i g h b o r
2 m a k e
5 c u t

B
1 **work** – 일하다
2 **girl** – 1. 딸 2. 여자아이
3 **save** – (돈을) 모으다, 저축하다
4 **true** – 1. 진정한 2. 사실인
5 **clothes** – 옷

C
1 had
2 lost
3 worked, saved
4 heard, cut

D
1 They needed food and clothes
2 She made three coats for the girls
3 She gave food to the family

11 Ella's Hello

A

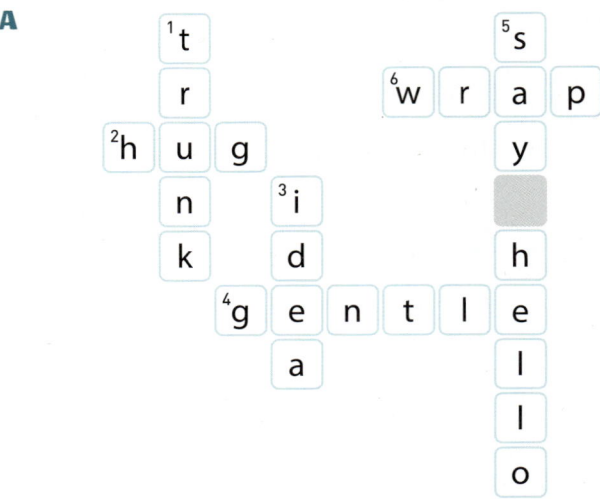

Down:
1 t r u n k
3 i d e a
5 s p r a y

Across:
2 h u g
4 g e n t l e
6 w r a p

hello (vertical: h e l l o)

B
1 **great** – 아주 좋은
2 **tail** – 꼬리
3 **around** – ~ 주위에, 주변에
4 **slowly** – 천천히
5 **watch** – 보다, 지켜보다

C
1 has
2 watches
3 wraps
4 can't hug, kiss, wrap

D
1 I see monkeys hug
2 I want to say hello
3 warm and gentle hello

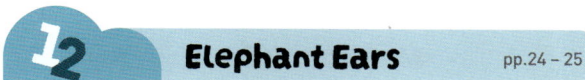

12 Elephant Ears — pp.24 – 25

A

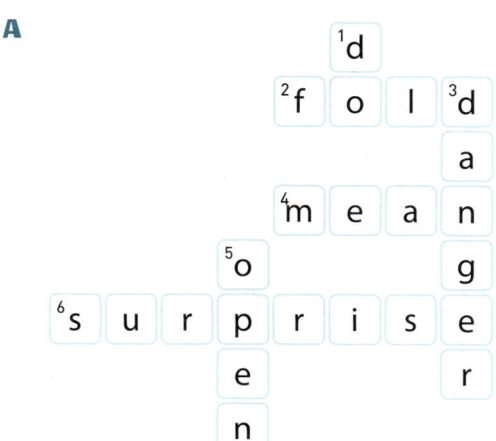

Crossword:
- 1 d
- 2 f o l d
- 3 d a n
- 4 m e a n
- 5 o
- 6 s u r p r i s e r
- (down) d a n g e r
- (down) o p e n
- (down) e n
- (down) n

B
1 **large** - 큰, 거대한
2 **message** - 메시지
3 **wide** - 활짝
4 **move** - 움직이다
5 **other** - 다른

C
1 means
2 can do
3 brush
4 move, lose

D
1 So they become cooler
2 Elephants send messages with their ears
3 They open their ears wide

13 Belugas — pp.26 – 27

A

Crossword:
- 1 l e a v e
- 2 g r o u p
- 3 p r o t e c t
- 4 e a c h o t h e r
- 5 h u n t
- 6 o c e a n

B
1 **waters** - (호수·강·바다의) 물
2 **together** - 함께
3 **cold** - 차가운
4 **get** - (~한 상태가) 되다
5 **be in danger** - 위험에 처하다

C
1 can't protect
2 leave
3 hunt, protect
4 are getting

D
1 They live in large groups
2 The oceans are getting warmer
3 When the groups get smaller

14 Time to Act   pp.28 – 29

A

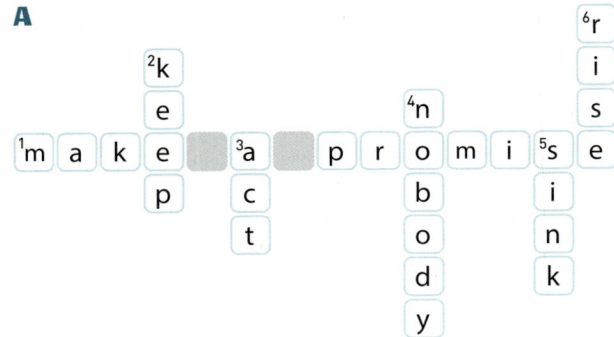

Crossword:
- 1 across: make
- 2 down: kept
- 6 down: rise
- 4 down: nobody
- 3 down: act
- across: a ___ promise
- 5 down: sink

B
1 Australia - 호주
2 happy - 1. 만족스러운 2. 행복한
3 stay - 지내다, 머무르다
4 must - (반드시) ~해야 한다
5 may - ~일지도 모른다

C
1 (may sink)
2 (are not)
3 (can live), (work), (study)
4 (say), (should leave)

D
1 Sea levels keep rising
2 People from Tuvalu can stay
3 We must protect the Earth

15 No Worries!   pp.30 – 31

A

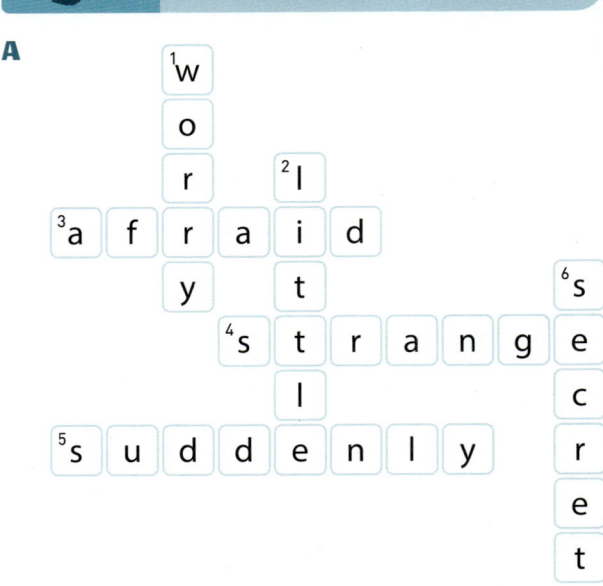

Crossword:
- 1 down: worry
- 2 down: it
- 3 across: afraid
- 4 across: strange
- 6 down: secret
- 5 across: suddenly
- still

B
1 happen - 일어나다, 발생하다
2 soon - 곧
3 start - 시작하다
4 something - 무언가, 어떤 일
5 grow - 자라다

C
1 (had)
2 (didn't worry)
3 (got), (started)
4 (didn't talk), (started)

D
1 He had a small worry
2 something strange happened
3 the worry got smaller and smaller

16 **Bye Bye, Stress!** pp.32 – 33

A

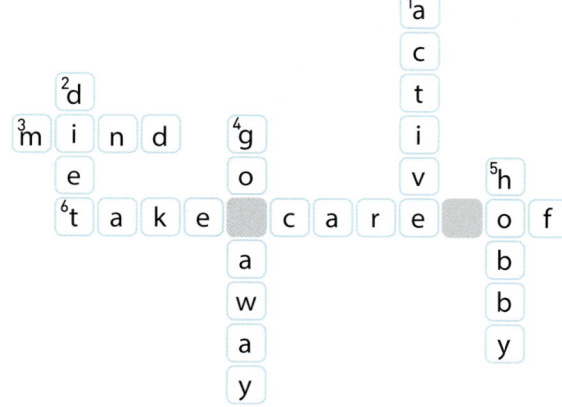

B 1 **diary** - 일기

2 **easily** - 쉽게

3 **mood** - 기분

4 **yourself** - 네 자신

5 **healthy** - 건강에 좋은

C 1 (Try)

2 (make)

3 (doesn't go away)

4 (can take), (play)

D 1 you should take care of yourself

2 First, eat a healthy diet

3 not a fan of sports

READING RELAY 한 권으로
영어를 공부하며 국·수·사·과까지 5과목 정복!

리딩릴레이 시리즈

1 각 챕터마다 주요 교과목으로 지문 구성!

우리말 지문으로 배경지식을 읽고, 관련된 영문 지문으로 독해력 키우기

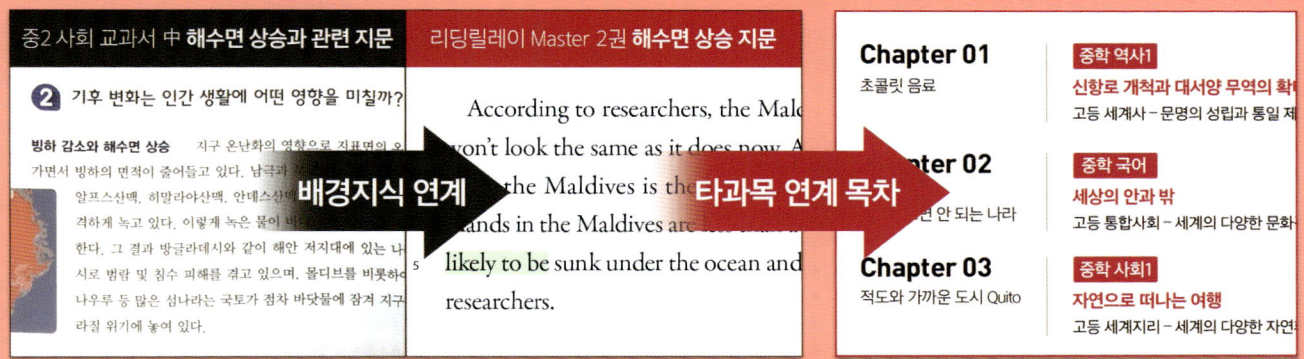

중2 사회 교과서 中 해수면 상승과 관련 지문	리딩릴레이 Master 2권 해수면 상승 지문

② 기후 변화는 인간 생활에 어떤 영향을 미칠까?

빙하 감소와 해수면 상승 지구 온난화의 영향으로 지표면의 … 가면서 빙하의 면적이 줄어들고 있다. 남극과 … 알프스산맥, 히말라야산맥, 안데스산맥 … 격하게 녹고 있다. 이렇게 녹은 물이 배 … 한다. 그 결과 방글라데시와 같이 해안 저지대에 있는 나 … 시로 범람 및 침수 피해를 겪고 있으며, 몰디브를 비롯하 … 나우루 등 많은 섬나라는 국토가 점차 바닷물에 잠겨 지구 … 라질 위기에 놓여 있다.

According to researchers, the Mald… won't look the same as it does now. A… the Maldives is the … ands in the Maldives are … likely to be sunk under the ocean and … researchers.

배경지식 연계

타과목 연계 목차

Chapter 01 초콜릿 음료	중학 역사1 **신항로 개척과 대서양 무역의 확** 고등 세계사 – 문명의 성립과 통일 제
Chapter 02 … 안 되는 나라	중학 국어 **세상의 안과 밖** 고등 통합사회 – 세계의 다양한 문화
Chapter 03 적도와 가까운 도시 Quito	중학 사회1 **자연으로 떠나는 여행** 고등 세계지리 – 세계의 다양한 자연

2 학년별로 국/영문의 비중을 다르게!

지시문 & 선택지 기준

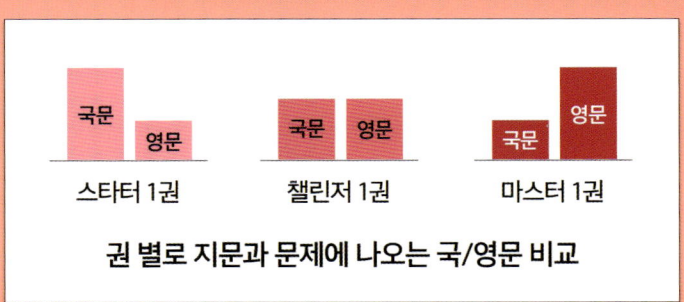

권 별로 지문과 문제에 나오는 국/영문 비교

3 교육부 지정 필수 어휘 수록!

교육부 지정 중학 필수 어휘	
genius	명 1. **천재** 2. 천부의 재능
slip	동 1. **미끄러지다** 2. 빠져나가다
compose	동 1. 구성하다, ~의 일부를 이루다 2. 3. 작곡하다
	형 (현재) 살아 있는

쎄듀 초·중등 커리큘럼

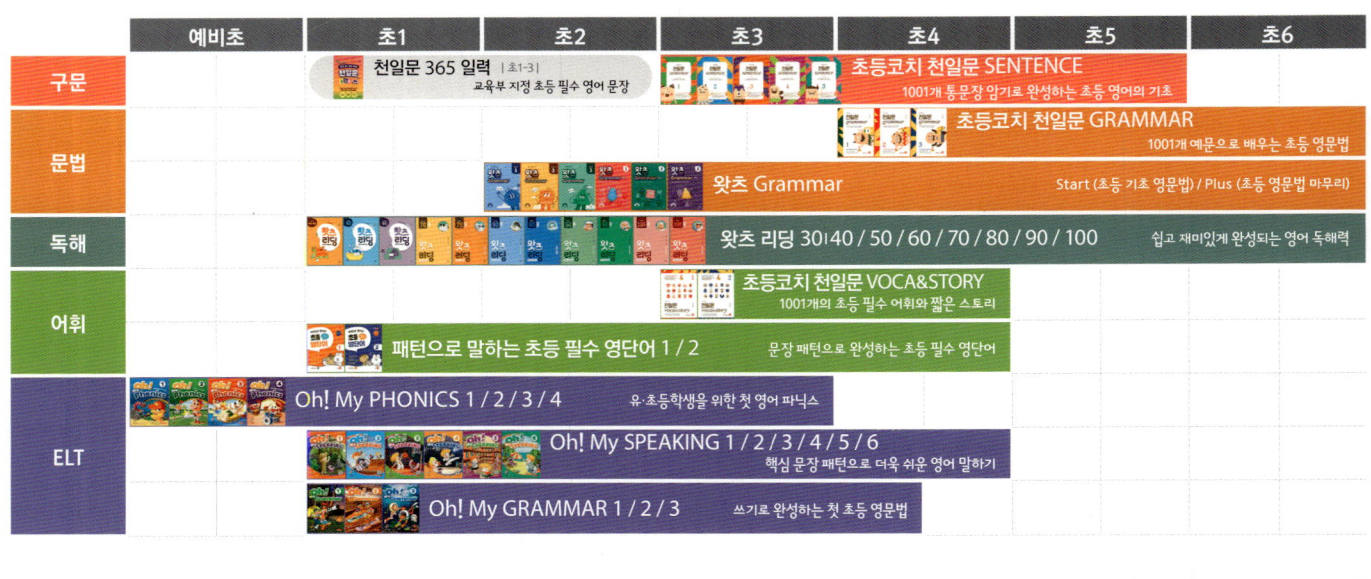

	예비초	초1	초2	초3	초4	초5	초6
구문		천일문 365 일력 | 초1-3 | 교육부 지정 초등 필수 영어 문장		초등코치 천일문 SENTENCE 1001개 통문장 암기로 완성하는 초등 영어의 기초			
문법					초등코치 천일문 GRAMMAR 1001개 예문으로 배우는 초등 영문법		
문법			왓츠 Grammar Start (초등 기초 영문법) / Plus (초등 영문법 마무리)				
독해		왓츠 리딩 30 I 40 / 50 / 60 / 70 / 80 / 90 / 100 쉽고 재미있게 완성되는 영어 독해력					
어휘				초등코치 천일문 VOCA&STORY 1001개의 초등 필수 어휘와 짧은 스토리			
어휘		패턴으로 말하는 초등 필수 영단어 1 / 2 문장 패턴으로 완성하는 초등 필수 영단어					
ELT	Oh! My PHONICS 1 / 2 / 3 / 4 유·초등학생을 위한 첫 영어 파닉스						
ELT		Oh! My SPEAKING 1 / 2 / 3 / 4 / 5 / 6 핵심 문장 패턴으로 더욱 쉬운 영어 말하기					
ELT		Oh! My GRAMMAR 1 / 2 / 3 쓰기로 완성하는 첫 초등 영문법					

	예비중	중1	중2	중3
구문	천일문 STARTER 1 / 2 중등 필수 구문 & 문법 총정리			
문법	개정 천일문 중등 GRAMMAR LEVEL 1 / 2 / 3 예문 중심 문법 기본서			
문법	GRAMMAR Q Starter 1, 2 / Intermediate 1, 2 / Advanced 1, 2 학기별 문법 기본서			
문법	잘 풀리는 영문법 1 / 2 / 3 문제 중심 문법 적용서			
문법	GRAMMAR PIC 1 / 2 / 3 / 4 이해가 쉬운 도식화된 문법서			
문법			1센치 영문법 1권으로 핵심 문법 정리	
문법+어법			첫단추 BASIC 문법·어법편 1 / 2 문법·어법의 기초	
문법+쓰기	EGU 영단어&품사 / 문장 형식 / 동사 써먹기 / 문법 써먹기 / 구문 써먹기 서술형 기초 세우기와 문법 다지기			
문법+쓰기				올씀 1 기본 문장 PATTERN 내신 서술형 기본 문장 학습
쓰기	개정 천일문 중등 WRITING LEVEL 1 / 2 / 3 *거침없이 Writing 개정 중등 교과서 내신 기출 서술형			
쓰기		중학 영어 쓰작 1 / 2 / 3 중등 교과서 패턴 드릴 서술형		
어휘	천일문 VOCA 중등 스타트 / 필수 / 마스터 2800개 중등 3개년 필수 어휘			
어휘	어휘끝 중학 필수편 중학 필수어휘 1000개		어휘끝 중학 마스터편 고난도 중학어휘 +고등기초 어휘 1000개	
독해	ReadingGraphy LEVEL 1 / 2 / 3 / 4 중등 필수 구문까지 잡는 흥미로운 소재 독해			
독해	Reading Relay Starter 1, 2 / Challenger 1, 2 / Master 1, 2 타교과 연계 배경 지식 독해			
독해		READING Q Starter 1, 2 / Intermediate 1, 2 / Advanced 1, 2 예측/추론/요약 사고력 독해		
독해전략			리딩 플랫폼 1 / 2 / 3 논픽션 지문 독해	
독해유형			Reading 16 LEVEL 1 / 2 / 3 수능 유형 맛보기 + 내신 대비	
독해유형			첫단추 BASIC 독해편 1 / 2 수능 유형 독해 입문	
듣기	Listening Q 유형편 / 1 / 2 / 3 유형별 듣기 전략 및 실전 대비			
듣기		쎄듀 빠르게 중학영어듣기 모의고사 1 / 2 / 3 교육청 듣기평가 대비		